곁길

곁길

초판 1쇄   2019년 02월 01일 발행

지은이   한병수
펴낸이   김기영
발행처   도서출판 영음사
주소   경기도 수원시 권선구 경수대로369번길 20, 4, 5층
전화   031) 233-1401, 1402
팩스   031) 233-1409
전자우편   biblecomen@daum.net
등록   2011. 3. 1 제251-2011-14호

이 도서의 국립중앙도서관 출판시도서목록(CIP)은 서지정보유통지원시스템 홈페이지(http://seoji.nl.go.kr)와 국가자료공동목록시스템(http://www.nl.go.kr/kolisnet)에서 이용하실 수 있습니다.(CIP제어번호: CIP2019002899)

ISBN 978-89-7304-142-8 (03230)
값은 뒤표지에 있습니다.

이 책의 출판권은 도서출판 영음사에 있습니다.
저작권법에 의하여 보호를 받는 저작물이므로 무단전재와 복제를 금합니다.

곁길

한병수

도서출판 **영음사**

머리말

한민족의 혼이 깃든 한국어를 사랑한다. 10년의 유학생활 속에서도 국어와의 친밀감 유지를 위해 십여 개의 인터넷 신문을 매일 읽고 하루에 한 편씩의 글쓰기를 고집했다. 글에 수반되는 문자의 생김새와 소리의 촉감과 단어들 사이의 화음이 보이고 느껴지고 읽어질 때까지 국어와 뒹굴었다. 낱말의 선택과 조합과 배열에 예술적 감각이 생기기를 기도하며 서사시와 저항시와 낭만시와 형상시를 펼쳤고 사전까지 탐독했다. 하지만 그때나 지금이나 여전히 나의 글쓰기는 둔하고 어설프다. 그럼에도 불구하고 세상의 모든 것이 언어의 그릇에 담긴다는 이 사실은 그때나 지금이나 신기하다. 저자에 의해 3차원과 4차원이 2차원의 문자로 압축되고, 독자에 의해 다시 본래의 차원으로 복원되는 것도 신비롭다. 차원을 넘나들며 의미를 산출하고 전달하는 말의 충실한 직무는 지금도 경이롭다.

세계는 언어이고 사람은 언어적 존재이다(homo linguisticus). 세상의 모든 만물은 무음의 목소리를 가졌고 투명한 문장을 교환하며 소통한다. 그래서 모든 존재와의 대화는 가능하다. 대화를 통해 내린 결론은 이것이다. 모든 존재는 메시지다. 이는 하나님의 말씀에 의한 만물의 창조 사실과 무관하지 않다. 시인은 하나님의 명령으로 만물이 지음을 받았기 때문에 하나님에 대한 만물의 찬양은 마땅한 것이라고 진술한다. 그래서 만물은 창조의 원리상 하나님을 높이는 찬양의 메시지다. 그 찬양의 내용은 하나님의 보이지 않는 신성과 능력이다. 때로는 하늘과 산과 바다와 땅에게 말을 걸고, 때로는 새들과 꽃들과 나무들과 물고기의 목소리에 귀를 기울인다. 그때마다 찬양의 세포가 깨어나고 이성이 언어의 악기를 연주하며 문장을 빚어낸다. 그런 과정을 거쳐 시는 한 뼘씩 자라나고 시집은 한 페이지씩 늘어난다. 여기에 담긴 시의 모든 시어들은 하나님의 거룩한 이름이 거명되지 않더라도 일종의 찬양이다. 찬양에 침묵할 수 있는 존재는 하나도 없고 언어도 그러하다.

완성된 시가 붓끝을 떠날 때마다 속상함을 금하지 못하였다. 하나님의 위대하심 앞에서 초라하지 않은 표현이나 마음에 드는 표현이 하나도 없었기 때문이다. 그 이름의 지극히 큰 위엄에 어울리는 낱말과 표현의 빈곤 때문이다. 그래서 이곳에 수록된 모든 시들의 왜소한 등을 볼 때마다 마음이 애잔하다. 그럼에도 불구하고 시집을 출간하는 이유는 보다 합당한 언어와 아름다운 말로 하나님을 찬양하기 위해 더 이상은 내려가지 말아야 할 글의 개인적인 하한선을 긋기 위함이다. 그리고 어떤 시인이 외친 것처럼, 자기 시대의 모든 사람들이 진실을 말하고자 할 때에 필요한 표현의 해방구를 마련하는 것은 시인의 사명이다. 그래서 지금의 세대가 향기로운 진실과 정의로운 진실과 자비로운 진실과 아름다운 진실을 실컷 쏟아내는 일에 미력을 보태기 위함이다.

시집의 제목이 〈곁길〉이다. 우리가 걸어가는 길이 사람의 눈에는 곁길처럼 보여도 하나님의 눈에는 정도(正道)일 수 있음을 의식하며 정한 제목이다. 형식은 수필을 담은 시, 혹은 시를 걸친 수필이다. 이는 시와 수필의 경계벽을 낮추는 형식의 곁길이다. 시에 눈독을 들인 신학자의 곁길에 기꺼이 동행해 준 영음사 대표님과 가족들 모두와 아마추어 시집에 과분한 추천사를 써 주신 류호준 교수님께 감사의 마음을 전하고 언어를 사랑하는 이에게 이 시집이 찬양의 작은 해방구가 되기를 소원한다.

2018년 12월
겨울이 하얗게 내린 전주대 교정에서
저자 한병수

추천사

류호준 | 백석대학교 신학대학원 교수,《일상 신학사전》의 저자

구약 예언자의 메시지가 격정적 시(詩)로 옷 입혀졌다는 사실을 아는 사람은 드물다. 시인이며 설교자였던 옛 예언자들, 바다 속 물질하여 바위틈새 진주조개 끄집어내는 해녀처럼 그들은 천상과 지상의 신비로운 비밀들을 하나둘씩 꺼내어 시어(詩語)로 열어 보였다. 신학자는 원래 시인이었다. 신학과 시가 만나는 교차로에 신학자 시인 한병수가 서 있다. 그는 그곳으로 가는 길이 "곁길"(外道)이라 하지만 나는 "갓길"(God's Way)이라 부르리라. 시인은 지천에 깔려 있는 일상에서 만나를 발견하는 기쁨의 참뜻을 안다. 시인 한병수는 함축적 용어를 사용하여 신학의 정수를 채굴하여 정련한다. 자연과 인생과 신앙과 하나님에 대한 시인의 관찰은 사소하기 그지없는 보통의 사건들과 일상의 반복되는 사건 속에 펼쳐지는 신의 손길을 감지한다. 명쾌하고 소박하고 맛깔스런 시-신학이다. 일상의 언어로 담아낸 신학-시이다. 신학이 시가 되어가는 과정의 풍미가 물씬 느껴지는 독특한 시집이다. 한편씩 음미하며 그 정갈한 맛을 느껴보시라. 완벽 압도되리라.

차례

머리말 4
추천사 7

1부. 곁길에서 본 자연 11

나의 계절/가을비가 가르친 자족/땅책읽기/창조자의 지문/신의 눈동자/감자/
열대야의 선풍기/가을의 입술/담쟁이의 도전/여행의 풍경/걸음을 멈추게 한 풍경/
타국 산책의 즐거움/하늘은 예술가다/달과 연애하다/가을의 겸손/빗방울의 희비/
가을의 등/초승달의 윙크/지리산 워크샵/빛들의 회담/계절의 순번/아침의 노래/
개양귀비/비/하루의 시작/폭우/하늘의 식탁/가을의 영역표시/안개와 누런비/
은행잎의 유언/눈

2부. 곁길에서 본 인생 55

항구적인 매력/숨과 산소/온전한 사람/잘못된 즐거움/고통의 장치/졸음/
밥상 해석학/인생의 마취제/말의 타이밍/핫도그의 훈계/식당의 그리움/
외로움 퇴치법/아이의 울음/인생의 소리/대나무 젓가락/낯선 감정/
몸, 정직한 기상청/감정의 둔화/빈 봉지의 행복/사랑의 중재/사랑의 기호/거울/
뉘앙스 소통법/잠수종과 나비/죽음을 생각한다/책, 생물이다/관계의 종착지/
동역자의 영정 앞에서/채무와 변제/향수/사랑/안전한 사랑/눈물이라는 언어/
포기의 역설/가위의 입맞춤/태양의 누설/인생의 실상

3부. 곁길에서 본 신앙 115

공동체 의미/사도의 신학연구/도구의 분수/낙타무릎/피코의 욕심/신의 드라마/
내 안의 십자가/칼빈의 인문학/섭리, 그 오묘한 스타일/삶이 아니라 은혜/
불공평의 은혜/하늘이 땅보다 높음 같이/들음의 직접성/복의 주관 자, 있다/
하나님의 역린/십자가의 역설/은금과 그리스도/욕심, 죄의 자궁/입을 크게 열라!/
선악의 부조리/하나님의 길/자백의 향기/균형/시기 선용 법/자기부인/
스스로 숨어 계신 하나님/경건의 향기

4부. 곁길에서 본 하나님 163

곁길/해석학의 추락/호흡의 학습/끼니의 학습/수동태와 능동태/하늘의 선풍기/
하나님의 위대하심/호칭의 속임수/배려의 지존

1부

곁길에서 본 자연

나의 계절

여름의 오랜 심술로 아득해진
가을 온도가 이제서야 기억의 뺨을 더듬는다.
얼굴에서 부서지는 아침 물방울에
빼곡히 스며든 가을이 드디어 느껴진다.

태양이 지구에 뿌리는 환한 입자들도
이제 소속이 가을이다.
바람과 여름 잎사귀가 만나 떠드는 수다에도
온통 가을 이야기다.

가을을 반기는 사람들의 환대는 익숙하나
올해에는 그 열광의 정도가 유별나다.
물러남의 때를 놓친 여름 때문이다.
계절도 퇴거의 때를 놓치고 오래 버티면
미움을 유발하고 다음 계절을 더욱 사모하게 한다.

인생과 관계와 자리에도 사계절이 있다.

설레는 만남으로 봄의 맥박이 뛰기 시작하고,
뜨거운 사랑의 온도로 여름을 불태우고,
다채로운 추억의 물감으로 가을을 물들이고,
허락된 기간을 끝내는 떠남의 겨울로 접어든다.

나의 계절은 여전히 뜨거운 여름 같은 가을이다.

가을비가 가르친 자족

목구멍이 바짝 마르고 쩍쩍 갈라진 땅에
자연법이 규정한 입추도 지났으나
여름의 유별난 기승으로 존재감이 없었던
가을이 뒤늦게 보낸 비가 내립니다.

배달이 늦어서 미안한 탓인지
평년에 내리던 강수량의 평균치를 넘습니다.
미안함도 과하면 오히려 피해를 주는 법입니다.
둑이 터지고 자동차가 수장되고 도로도 파손되고
건강한 가로수의 허리도 꺾입니다.

그러나 타는 한반도의 목마름을 해갈하기 위해
지불한 이 만큼의 비용은
어쩌면 토양의 촉촉한 비옥함도 우연이 아닌
신의 선물임을 깨우치는
많이 배려하신 그분의 섭리인 듯합니다.

그런데도 강과 호수는 아쉬움을 보입니다.
강변과 호숫가에 지친 여러 겹의 창백한 주름들이
아직도 갈증이 해소되지 않았다고 말합니다.
이전의 수위를 회복하기 위해서는
갑절의 강수량을 보내야 한다고 주장하며,
불만족의 입술을 삐죽이 내밉니다.

그러나 과거에 저장된 물의 분량을 기준으로 삼아
지금의 상태를 평가하고 불평하는 것은

많고 적음, 크고 작음, 빠르고 느림, 좋고 나쁨이
수시로 변동하는 이 세상의 한 시점에
과중한 의미를 부여한 결과인 듯합니다.

흙에서 시작되어 흙으로 돌아가는 여정,
알몸으로 태어나서 알몸으로 돌아가는 인생,
무에서 나와 무로 돌아가는 존재의 자리에서
무수한 변화들을 맞이하고 응시하되,
자족하는 것이 합당한 불평보다 늘 낫습니다.

땅책읽기

오늘은 유난히도 땅이 아름답다.
새벽에 두 발로 땅을 지그시 보듬으며,
천잠산의 능선을 오르는 나에게
말을 거는 듯해 심지어 설렌다.

땅도 글을 쓴다는
헤르만 헤세의 예리한 관찰이 뇌리를 파고든다.
땅의 모든 무늬는 사연이 빼곡히 담긴 문장이다.
날마다 이루어진 산책은 나에게 땅 독서였다.

땅은 표현력이 뛰어나다.
한번도 반복되지 않는 문장들이 온 땅에 수북하다.
단문도 있고 복문도 있고,
때로는 적절한 지점에서 마침표와 쉼표도 제공한다.

땅은 하나님의 입술이다.
지면의 모든 굴곡은 그 입술에서 나온 메시지다.
땅끝까지 이르러 빠짐없이 읽어내고 싶다.
달리지 않고 서행하며 속독이 아니라 정독으로

지금은 전주의 땅책 읽기만도 벅차고 과분하다.
주께서 어디를 보내시면,
어디든지 떠나고 싶은 마음이다.

창조자의 지문

밖에 일이 터졌다는 제보가 들어와
카메라를 들고 걸음을 내던졌다.

상황은 처참했다.
하늘의 총탄에 맞아 떨어진 가을이
길바닥에 여기저기 나뒹군다.

희생자는 무수한 종류의 잎사귀들,
그 중에서도 은행잎이 대다수다.
잎새의 사체들에 흥건하게 묻은 건
비의 지문이다.

가을비가 저지른 만행이다.

평소에 자신이 가을의 대표라며,
은행잎은 화려한 색상으로,
가을비는 촉촉한 분위기로,
저마다의 주특기를 앞세우며
선의의 경쟁을 펼치다가
대립의 모서리가 제대로 부딪쳤다.

그런데
잎사귀와 빗줄기가 벌이는
사투의 현장이 한 편의 황홀한 예술이다.
악조차도 선으로 바꾸시는
창조자의 지문이 이렇게 생겼을까?

나도 창조자의 지문이고 싶다.

신의 눈동자

하늘이 마치 신의 청명한 눈동자와 같다.
이 세상의 파란색 잉크를
다 뿌리면 저런 색상일까?
저 푸르른 눈동자를 가리는
몇 조각의 백색 구름이 눈의 깜빡임을 조절한다.

하늘과 구름이 보여주는 신의 섭리가 오묘하다.
한 점의 구름도 허락하지 않으며
벌거벗은 것처럼 세상의 전부를 관찰하고 계심도,
구름의 적당한 분량을 하늘에 펼치시며
세상의 민망한 부위를 가려주는 배려도, 감지된다.

하늘의 눈빛이 땅에 접지하는 장소와 면적도
구름의 분량과 이동으로 정하신다.
빛을 지으시고 빛과 어둠을 나누신 창조자는
지금도 여전히 빛과 어둠의 주관자가 되신다고
구름으로 말하신다.

세상을 온전히 둘러싼 신의 눈동자는
너의 모든 것을 사랑하고 계시며,
결단코 사랑의 눈길을 철회하지 않으며,
세상 끝날까지 항상 지켜보고 있을 것이라고
언제나 푸른 눈빛으로 표현한다.

감자

그 억울한 이름!

자유로운 생김새의 소유자를 만날 때
일반인의 뇌리에 일 순위로 소환되는 물상,
투박한 용모의 이마에 급하게 붙이는 개그용 딱지!

사전에서 일반적인 명사로 당당히 분류된 그는
질서나 조화나 대칭을 깡그리 무시하는 얼굴의,
타의로 말미암은 대명사가 된다.

인간문맥 안에서 이루어진
집단적인 갑질의 부당한 희생물이 된 감저(甘藷)
창조자의 본의가 새파랗게 변색된 마령서(馬鈴薯)

오늘 아침 식탁에서
나는 그와 하나가 되었다.
한껏 품었다. 위장으로
즉시, 온전히, 기쁘게, 그리고 기꺼이!

감자보다 못난 나를
주께서 그렇게 품으신 것처럼!

열대야의 선풍기

장기간의 열대야를 파수한 벗, 선풍기!

선풍기의 주특기는 바람이다.
그 바람은 피부에 잠시 유쾌한 착각을 일으킨다.
피부는 시원한 바람을 잠시 즐기다가
금새 맺힌 땀방울로 선풍기의 무용성을 주장한다.

그러나 땀샘이 더위를 견디다가 게워낸 그 물기는
일종의 천연 냉각수로 변신한다.
땀을 만난 바람의 민첩한 냉각술 때문이다.

땀과 선풍기의 공조로 시원해진 피부는
만족의 허연 잇몸을 보이다가
수분이 다 증발하여 냉각의 밑천이 떨어지면,
철회한 무용성 카드를 다시 꺼내 든다.

이러한 만족과 불평의 반복이 야밤의 일과였다.

어제 밤에는 땀방울의 종적도 사라졌다.
밤길에 가을 바람과 마주치는 게 다반사다.
그 바람이 건넨 인사의 촉감은
잘 견뎠다는 자상한 조물주의 평을 접한 기분이다.

올 여름 장고의 인내가 키운 근육의 실체는 모르나,
무더위의 길이가 많은 일을 이루었을 것임은
의심의 여지가 없어졌다.
오며 가며 만난 바람이 귀띔해 준 확신이다.

가을의 입술

하늘이 작심한 듯 조석으로 연출하는
가을 비경들이 예사롭지 않다.
한계를 모르는 저 청명함은 도를 넘어섰고
순백의 구름이 수놓은 하늘의 무늬는
눈부신 신부의 명품 드레스를 방불케 한다.

가을과의 만남이 벌써 40회가 훌쩍 넘었지만
여름의 꼬리가 유난히 길었던 올해에는
아직도 출입하지 못한 계절의 은밀한 정원에
처음 들어가는 듯한 설렘이 분비된다.
덩달아 호기심의 입 꼬리도 슬쩍 올라간다.

때로는 태양의 가루를 뿌려서
때로는 바람의 손끝을 내밀어서
때로는 하늘의 품을 내주면서 가을은

그렇게

고단한 삶의 중력에 짓눌려
휘어진 영혼의 허리를 반듯하게 펴 주고,
결린 인생의 옆구리를 주무르고,
틀어진 습관의 관절도 교정하고,
일상의 어깨에 뭉쳐진 근육도 풀어준다.

이렇게 신은
충직한 가을의 입술을 움직여서,
극진히 사랑하는 이에게 조용히 속삭인다.
수고 많았다고, 이제 끝났다고, 누리라고….

담쟁이의 도전

손톱을 걸 틈도 없는 인생의 암담한 담벼락,
탄식의 입에서 출고된 한숨이
무심한 그 수직의 벽에 부딪쳐 부서진다.

그런데 수직으로 깎아지른 교회의 높은 담벼락에
암벽등반 초보로 보이는
젊은 담쟁이 덩굴들의 새파란 도전이 아름답다.

차가운 대리석 표정을 가진 담벼락은
도전하는 덩굴들의 땀 맺힌 용기에 감동하여,
덩굴손의 빨판에 매끈한 협조의 등짝을 내어준다.

태양의 뜨거운 질투와 바람의 까칠한 심술에 맞서
때로는 인내하며 때로는 즐기며,
담쟁이는 제자리 행보처럼 진전의 기색도 없이
그러나 천천히 아주 미미한 희망을 내딛는다.

주변의 나무들이 비웃는다.
오르지 못할 담벼락은 쳐다보는 것도 사치라고,
더군다나 뼈대도 없이 기어서 살아가는
버러지형 풀떼기 주제에
감히 나무들의 키보다 높은 담벼락을 넘보다니….
사실이 그러하다.

그러나 나는 궁금하다. 어디까지 올라갈지!
희망을 준 담쟁이 친구들아
나무들의 높이를 넘어 꼭대기에 오를 때까지
지속적인 응원의 박수를 약속한다.
포기하지마! 쓰러지지마!

여행의 풍경

말레이시아, 간다.

생각보다 한적한 성수기의 인천공항,
여느 때처럼 이별의 슬픈 눈물과 재회의 벅찬 감격이
곳곳에서 감정의 기압골을 형성하고 있다.

공항 직원들의 미소가 유난히도 하얀 이빨을 드러내며
여행자의 상기된 얼굴을 환하게 물들인다.
내 얼굴에도 번진 그 미소가 비행기 탑승까지 따라왔다.

게다가 기내로 들고 온 가방에는
전주에서 찔러 넣은 두 권의 엄선된 단행본이
설레는 직각 자세로 반듯하게 서서
일독의 손길을 기다린다.

급하게 배정된 자리는 창 측이다.
창문 덮개의 개폐가 자유롭고 하늘의 관찰도 용이하다.
하늘 마니아가 하늘에 파묻혀서 하늘을 대면한다.

역시나 하늘은 매 순간마다
다른 표정을 무한히 생산하는
최고의 직공이며 거대한 공작소다.
시선이 자꾸만 창문으로 돌아가고
매번 만족하고 돌아온다.

하늘에서 이루어진 표정 콘서트가 끝나고
어둠이 짙어진다.
하늘이 눈을 감으니
내 피곤한 눈꺼풀도 순응한다. 끝!

걸음을 멈추게 한 풍경

하루를 지나온 말레이시아의 날씨는
기록을 갱신하는 폭염의 독무대인
서울과의 비교를 불허한다.
밖에서 종일 분주하게 움직여도
몸에서 땀 방울이
콧배기도 내밀지 못할 정도로 쾌적하다.

숙소를 둘러싼 거리가 코너를 돌 때마다 제공하는
열대기후 나라의 이국적인 풍경 하나가
걸음을 오래 붙들었다.
크기나 모양에 있어서 도무지 어울릴 수 없는
세 종류의 잎사귀가 공존하는
한 그루의 나무가 주범이다.

지나가던 바람이 귓속말로 자백한다.
'그건 내가 저지른
씨앗의 배달사고 때문에 생긴 풍경이야'

수분 탐지와 흡수라는 업무를 위해,
땅 속에 배치된 뿌리가
공적인 재배치의 발령도 없이 지상으로 올라와
건장한 팔뚝을 덮은 힘줄의 굽이치는 무늬처럼,
나무의 줄기를 격렬하게 휘감은 풍경도 공범이다.

지나가던 구름의 기이한 증언이다.
'그 풍경은 줄기와 뿌리의 깊은 허그이며,
줄기를 사랑한 뿌리에게 허락된,
근무지를 이탈해도 괜찮은 이례적인 휴가라고'

인생의 골목에도
어색한 공존과 이례적인 동거의 풍경이
빈번하게 목격된다.
다양한 종류와 계층의 이질적인 분들이
한 가정을 이루는 일은
창조의 질서와 규정의 이탈이 아니라는
바람과 구름의 친절한 해명이 필요하지 않다.

타국 산책의 즐거움

말레이시아에 와서 처음으로 밟은 저녁 산책길,

달구어진 열대기후 도시의
들뜬 오후가 벗어놓은 열기로 후끈하다.
그러나 초행길과 상기된 발이
수줍은 입술을 내밀며,
지구촌의 낯선 지면을 읽어가는
땅 독서의 신선한 즐거움 때문에
고온을 힘겨워 할 겨를도 없이 온통 황홀하다.

서쪽에는
비스듬히 누운 태양의 붉은 머리칼이
뒤늦게 퇴근을 준비하는
노동자의 분주한 뒷정리 위로 휘날린다.
저속으로 부는 바람의
느린 장단에 맞춘 야자수의 춤사위도
타국 산책이 주는 즐거움의 테두리를 넓혀준다.

산책길을 호위하는 미끈한 도로에는
빨강 신호등에 발목이 묶인 차들이
직진의 순번을 기다린다.
성급한 경적이나 야비한 새치기는 없다.
오히려 보행자의 안전한 횡단을
배려하는 차량이 눈인사를 한다.

산책길에
곁을 내어주는 이가 없기 때문일까?
한국과는 달리 좌측으로 주행하는
생소한 말레이시아 도로의 역방향 문화가
서서히 몸에 익어간다.
친숙한 정의 포승 줄에 결박되는 느낌이다.

하늘은 예술가다

폭염 속에서도
저 태연한 하늘은 심히 청명하다.
세상의 최고급 파란색을
모조리 소환하여 가지런히 배열한다.

하늘을 유난히 좋아한다.
하늘은 색칠을 좋아하고,
색감이 뛰어나,
붉은 무더위 속에서 파랑을 선택한다.

하늘을 너무도 좋아한다.
어떠한 것도 품어낼 거대한 빈 공간을 만들면서
모든 것을 수용하고 서로 연결한다.

하늘은 예술가다.
백 만개의 표정을 가지고 분초마다 바꾸며,
절망적인 사람들의 답답한 심장에
희망을 주입한다.

그 하늘이 이 세상의 모든 나를 바라본다.

달과 연애하다

여름은 달의 계절이다.

달은 피부에 큼직한 곰보 자국이 곳곳에 박혀
그리 아름다울 것이 없는 창백한 상판을 가졌지만,
구름이나 하늘과 같은 궁창의 지형지물 이용으로
밤의 미용을 관리하고 주도하는
조용한 협업의 달인이다.

빛을 스스로 생산하는 능력은 없지만,
식은 연인들의 눈길이 오래 머물러도 되도록
태양의 강렬한 빛을
낭만적인 파장으로 가공하여,
관계의 습도를 조절하는 재간이 뛰어나다.
아름다운 커플의 배후에는
달빛의 간섭이 있었지 싶다.

등장하면 다른 빛들의 존재를 지우는
태양과는 달리,
달은 또한 사람이 만든
문명의 초라한 빛들조차
무시하지 않고 벗처럼 어울리는
공존의 사회성도 좋다.

비록 밤의 광명체 배역을 맡았지만
낮의 광명체를 질시하지 않고,
숨음으로 존중을 표하다가
태양의 화려한 땅거미가
세상의 모든 눈동자를 차지할 때

그 반대편 귀퉁이에 소박하게 등장하여
배당된 조연의 역할을 묵묵히 수행하는 달,
그 수줍은 걸음과 조용한 섬김이 향기롭다.

은색의 둥근 달빛이
야밤에도 하얀 미소와 우아한 포즈로
창문을 두드리면, 망설임도 없이 일어나
달콤한 숙면도 반납하고 졸린 렌즈를 들이댄다.

그렇게 달은 나를 움직인다. 마치 연인처럼….

가을의 겸손

지평선을 지닌 김제평야,
황금색 가을이 짙게 물들었다.
눈길이 닿는 곳마다
이삭들이 농익은 목례로 반응한다.

누런 게 다 황금은 아니듯이
누런 이삭이 다 알곡은 아니구나.
꼿꼿이 선 쭉정이의 누런 허세에
생각이 한참 머물렀다.

일제히 숙인 알곡들의 굽은 등,
그 곡선에 매달린 겸손과 대비된다.

새벽마다 기도의 발자국을 찍고,
소득의 일부를 구제의 자금으로 활용하고,
믿음도 견고하고 성경에도 해박하며
왕성한 봉사까지 겸하면 신앙의 가을이다.

그러나 이러한 황금색 신앙이
겸손이라는 인격의 중력을 만나지 못하면,
누런 교만의 두둑한 밑천으로 오용된다.

몸과 마음의 높이를 낮추어야 하는
가장 절실한 계절은
이런저런 열매가 주렁주렁 맺어지는
인생의 가을이다.

빗방울의 희비

비와 대지의 만남으로 촉촉해진 아침,
우산을 펼치고 길을 걸으며,
그들이 만드는 대화의 내용을 엿듣는다.

장대비가 아스팔트 위로 떨어지고
바닥과 부딪혀 튀어 오른
물방울의 일그러진 표정과 솟아오른 높이가
비의 불편한 심기를 드러낸다.

포장된 도로와 충돌한 비의 비명이
나의 의식을 아프게 파고든다.
비와 토양의 만남을 저지하는 문명 때문이다.

인간의 일시적인 편리와 수익을 위해
자연의 인간화가 과도하게 이루어진 지금,
물의 평범한 순환마저 저지되는 비정상을 향한
빗방울의 격한 저 아우성은 정당하다.

그러나 흙으로 스며들고 풀에서 부서지는
빗방울의 목소리는 낭만적인 가을이다.
은은한 커피 향이 가을 회동에 섞이려고 한다.

돌아보니,

걸어오는 내내 왼발과 오른발은
빗물에 젖은 저벅저벅 언어를 번갈아 교환하며
이미 비가 소집한 가을 수다에 핵심 멤버였다.

유난히 소리가 아름다운 아침이다.

가을의 등

가을의 애처로운 등을 생각한다.

매일 거니는 신시가지 거리를 따라
호위무사 같이 좌우에 정렬한 나무들
그들의 우람한 팔뚝에 걸린
화사한 가을 전시회가 눈부시다.

벅찬 감동으로 소비하는 단풍,
그러나 수관의 차단을 당한 잎사귀가
속으로 삼킨 눈물이 삭은 색상,
죽어가는 잎사귀의 창백한 슬픔,
구경꾼이 얻은 미소의 씁쓸한 동인이다.

온도가 수직으로 급속히 떨어지면
수분 유지에 비상이 걸리고,
잎사귀 끊어내기 경보가 발효된다.

소모품의 짧은 운명을 껴안고,
단풍이 되기도 전에 기꺼이 낙하한
아스팔트 위의 낙엽들은
차량이 뱉은 바람에 차여 나뒹군다.

짹짹 쿠쿠루쿠 필릴리~~
은은하고 웅장한
새들의 소리가 사거리에 난입한다.
어디에서 뛰어든 소리일까?

신호등을 지탱하는 파이프,

거기에 뚫린 작은 구멍이 진원지다.

숲 속의 자연산 둥지를 빼앗기고
도시의 신호등을 숙소로 삼은 새들이
다가오는 겨울이 두려워서 열린
긴급한 대책회의 소리가 새어 나온 듯,

파이프의 긴 울림통을 지나
예술로 승화된 새들의 처진 울음과
단풍에서 배제된 낙엽의 부서지는 바스락이
가을의 쓸쓸한 뒷모습을 드러낸다.

보고 싶은 가을만 보던 나,
그러나 아름다움 뒤에 더 아름다운 희생은
가을보다 더 가을다운 가을이다.

초승달의 윙크

텅 빈 하늘이 완전히 달라진다.
고작
손톱 사이즈의 눈썹이 하나 걸렸는데

저 하얀 눈썹이
거대한 하늘에 자그마한 무늬로 들어가는 순간
온 세상이 달라진다.

아름답고 향기롭다.
작은 것이 큰 것을 당당하게 좌우하는 게
하늘이 흰 눈썹의 배경으로 기꺼이 소비되는 게

투명하게 있다가
취침 전 저 허공의 중턱에 올라
뽀얀 살갗을 은은하게 드러내는 초승달

지역에 따라 시간차를 두고
적시에 나타나는 하늘의 눈썹,
바라보는 자들의 마음을 이어주는 대리윙크 같다.

지리산 워크샵

하늘과 산과 계곡이 조잘조잘 대화한다.
계곡은 물의 낙차를 이용해
맨 먼저 의견을 제시한다.
하늘은 잔잔한 바람의 흐름과
몇 조각의 구름으로
찬동의 고개를 끄덕인다.
산은 능선의 부드러운 표정을 지으며,
짙은 감청색의 숙고에 머물다가 곧장 수긍한다.

서로 소속된 종족은 달라도
사용하는 언어와 소통하는 방식이 달라도
가진 덩치의 크기와
차지한 장소의 높낮이가 달라도,
영겁의 세월이 지나면서 일말의 낯섦도 없이
서서히 조금씩 어우러져
때로는 연인의 달콤한 밀어를,
때로는 우정의 농밀한 언어를,
때로는 동료의 진실한 숨결을 교환한다.

어느덧
은은한 어둠이 콘서트의 의도된 조명처럼
수다쟁이 계곡의 입술을 막으며,
슬그머니 깃들더니 어느 새
운집한 개구리의 청아한 합창이 시작된다.
처음에는 음률이 읽어지지 않아
소음으로 들리다가
미물이 내는 소리의 몽환적인 질서에
의식이 순응된다.

도심지의 뻑뻑한 삶에서
치이고 메말라진 감성의 공복은
잘 차려진 밥상처럼
지리산의 저녁을 빼곡히 채운
개구리 합창단의 단조로운 공연으로
순식간에 채워진다.
감정도 배부르면 식곤증이 찾아온다.
하루치의 버거운 무게를 버티던
눈꺼풀이 내려온다.
아직 개구리의 콘서트가 끝나지도 않았는데,
정말 미안하다.

빛들의 회담

야밤에 대학교회 상공에서 이루어진
별과 달과 십자가의 회담,
논의는 오직 눈빛으로 진행된다.

구술의 끈적한 기교와
혀의 현란한 변신과 교란을 배제하고
정직한 실력만 작용하는 방식이다.

밝기를 최대치로 키운 달은
어떠한 논쟁의 분위기 속에서도
치우침이 없을 기색이다.

대화에만 집중할 작정으로 준비된
유난히 커진 별의 눈동자는
덩치의 왜소함이 보이지 않도록,
자신의 몸을 다 차지했다.

대화의 코드를 조율하기 위해
백색 테두리를 걸친 십자가가 먼저
붉은 눈시울을 움직인다.
회담의 적당한 온도를 조절하며,
따뜻한 화목을 제안한다.

달은
환한 찬동의 눈빛으로 반응하고,
별은
깜찍한 제청의 반짝임을 구사한다.

말의 선명한 규정이 없어서
각자가 원하는 의미를 부여해도 된다.
그런데도 평화로운 공존이 가능하다.

밤새 진행된 회담은
만물의 아름다운 공존이 예로부터
조물주의 지휘 아래에 있었다는
합의에 이르렀다.
회담 이전보다 빛이 더 밝아졌다.

계절의 순번

도시의 불빛이 숙면으로 들어간 밤,
기다린 듯 깨어난 별들,
야밤의 눈빛 수다가 요란하다.

추위가 입술을 깨문 새벽,
별들의 눈동자는 더욱 맑아지고,
대화의 온도는 한층 올라간다.

아침이 깨어날 시간이
동쪽 하늘에서 걸어온다.
예민한 별들의 귀가는 빨라지고,
땅의 모든 물상들이
윤곽을 정돈하며 새날을 맞이한다.

만물의 고유한 굴곡을 따라
태양의 다채로운 도색이 시작된다.
새벽에는 목도리를 두른 겨울이
계절의 경계를 허물지만
아침은 은행잎을 물고 저항한다.
아직은 겨울이 아니라고….

소나무를 휘감은 재주꾼,
붉은 담쟁이의 조력으로
눈발도 이긴다는 소나무에 달라붙은
가을은 겨울 집권까지 공모한다.

흠… 가을과 절친이긴 하나 반대한다.
계절도 시간의 톱니에 물려
제때에 피고 져야 제대로 아름답다.

사람의 경우도 그러하다.
아무리 유능하고 멋진 지도자도
집권이 길어지면 추해진다.

아침의 노래

지휘봉도 없고 지휘자도 없다.
소리를 내는 인공물도 없다.
음악의 길을 안내하는 악보도 없다.

사람의 기호가 첨가되지 않은 아침의 노래에는
부지런한 새벽 형 미물들이 참여한다.
그냥 각자의 천부적인 소리만을 소지하고,

서로에게 맞추려는 화음의 노력이나,
준수해야 하는 음률이나 리듬의 규정도 없다.
그저 각자의 고유한 발성과 타이밍에 충실하다.

하루를 채우는 무수한 종류의 소리들이
배정된 각자의 시점에 등장하여,
교향곡의 악장을 이어간다.
인생의 매 순간이
음악의 유의미한 마디를 형성한다.

그런데 나는 귀가 어두웠다.
날마다 한 번도 반복되지 않은
오십여 년치의 새로운 교향곡을 들었지만,
무상으로 주어지는
이 예술을 향유하는 삶이 아니었다.

어쩌면 한 사람의 일대기는
조물주가 연주하는
하나의 교향곡일 가능성이 높다.
어쩌면 인류의 역사 전체가
거대한 심포니일 지도···.

개양귀비

가던 발걸음을 꺾은 이 녀석,

합신에서 공부하기 위해
애써 달군 학구열을 가볍게 비웃고,
나를 송두리째 매혹시킨 마음 도둑이다.

유통기한 끝났어도 여전히 걸린
'출입금지' 현수막 때문에
눈이 부시도록 예쁘지만 해치는 손길 없이
연두색 수염이 덥수룩한
운동장 중앙을 당당히 차지하고 있다.

그런데 슬프고 안쓰럽다.
꽃의 화려함은 속히 지나가기 때문이다.
더 예쁠수록 그것이 지나간
빈자리의 공허함은 더 깊어진다.

그래서 셔터를 눌렀다.
매정하게 지나가는 시간의
도도한 흐름에 정지를 명하였다.
그리고 잊어지지 않는
기억의 한 페이지에 저장한다.

시간의 정지를 가능하게 만드는 사진,
정지된 시간을 저장하는 사진,
때로는 인생의 한 순간이
시간이 멈춘, 사진이길 기대한다.

비

비가 내린다.
땅을 두드린다.
온도를 내린다.

비를 막는다.
몸만 가린다.
비가 우산을 비웃는다.

마음이 젖는다.
여름이 흥건하다.
세상이 축축하다.

하늘을 씻는다.
공기가 깨끗하다.
마음도 상쾌하다.

막아도 젖는다.
축축해도 유쾌하다.
흥건해도 깨끗하다.

하루의 시작

의식을 뜨고,
기도를 하고,
성경을 보고,
세수를 하고,
아침을 먹고,
산책을 하고,
꽃을 만나고,
대화를 하고,
하늘을 보고,
사색을 하며,
하루를 연다.

폭우

무섭도록 하염없이 쏟아진다.
굵은 물줄기가
터졌음에 분명하다.

하늘의 수도관이….

하늘에 두터운 구름들이 빼곡히 도열한다.
이 사실을 가리려고….

무방비로 터지고 있다.
순진한 수원의 대지가….

비의 적당한 분량을 튀겨낸다.
상처가 깊어지지 않으려고….

습도의 표정은 밝아진다.
수증기의 급증이 유쾌해서….

무정형의 음악을 연주한다.
부서진 빗소리의 무수한 조각들이….

아픈 아우성일 가능성도 있다.
빗줄기의 난타에 신음하는 나뭇잎의….

그러나 빗줄기의 목은 이미 뻣뻣하다.
대지의 소리를 능히 다 꺾었다는 듯이….

한편으론, 이 비가
줄기차게 쏟아지는 장대비 은혜는
악인이든 선인이든,
의로운 사람이든 불의한 사람이든,
누구도 피하지 못하고,
모든 이들에게 주어지는 것임을 화끈하게 휘갈기는
아주 축축한 잉크일지 모르겠다.

생각의 이랑에 복잡한 폭우가 고이는 저녁이다.

하늘의 식탁

목요일이 촉촉한 등을 보이며 멀어진다.

저녁을 순찰하는 저속의 바람이
물상들의 가벼운 접촉으로 빚어내는
은은한 저음이 귀를 두드린다.

빽빽한 업무의 단추를 풀고,
적당히 어둑한 전주의 저녁을 맞이한다.
김치찌개 국물의 유별난 기억이
아내와 나를 꾸지뽕 시대로 이끌었다.

둘의 목소리가 적절히 버무려진
구수한 국물 속으로 피로가 풀어진다.
사랑하는 이와 마주한 식탁이
하루의 등짝에 달라붙은 피곤을 뜯어낸다.

고달픈 인생에도 저녁이 찾아오면,
예비된 하늘의 식탁에서
푸짐한 기운과 상쾌한 회복이 제공된다.
그 식탁의 이름은 '사랑'이다.

가을의 영역표시

가을이 영역을 야금야금 표시한다.
산에는 화려하고 다채로운 대량의 물감으로,
하늘에는 덤비지 못할 높이로 기선을 제압하고,
땅에는 새파란 여름의 누런 사체들이
탈색된 비명을 지르며 거리마다 나뒹군다.

물론 가을저녁 안에
때이른 겨울이 차가운 바람을 일으키고,
가을 대낮에는 여전히
끈질긴 여름이 반팔을 고집한다.

그러나 계절의 평화로운 공존은
승리자 가을이 취하는
아름다운 배려의 넉넉한 처신이다.

인간문맥 안에서도 가을 지배력이 감지된다.
글 빚 독촉장이 어금니를 물고 노려보며,
여름에 풀어진 학구열의 재 가동을 촉구한다.
무위의 서랍에서 휴가를 즐기던
나른한 지성을 일깨우는 가을 알람이다.

이렇게
가을이 인생의 옷섶을 서서히 파고든다.

안개와 누런 비

안개가 몽환적인 가을을 연출한다.
가을은 덜 보여도 아름답다.
적당히 가려지니 설렘이 돋아난다.

떨어지는 비가 언성을 높이며,
안개에게 실랑이를 건다.
비가 내려도 안개는 그대로다.
비의 세척력이 약해졌나?
좀처럼 아침을 내어주려 아니한다.
누구를 응원해야 하나?

안개가 치명상을 입은 건 분명하다.
갈 바를 모르고 웅덩이가 된
빗물의 누런 테두리가 증언한다.

비의 국물이 누렇다니!
안개의 수상한 정체가 궁금하다.
유해한 문명의 먼지가
양의 탈처럼 박무를 뒤집어 쓴 것이겠다.

이 미세한 찌꺼기가
순수한 도시의 가을을 짓밟는다.
대지의 숨이라는
심미적인 안개의 오랜 은유가
마음에서 부서진다. 조용히

그런 와중에도
하나님의 작품은 이미 있는 그대로가
늘 최고라는 역설이
단풍의 잎새에서 나부낀다.

은행잎의 유언

11월의 가을이
가장 포근한 표정을 짓고
가장 아름다운 색상을 내어주며
자신을 다 가지라고 한다.

정면으로 응시하면
이 고운 가을이 아플까 봐.
눈길이 직접 닿으면 놀랄까 봐.
카메라로 본다.

은행잎이 물감으로 속삭인다.
카메라의 귀를 기울인다.

신이 허락한 자기의 계절일 때,
매 순간마다
신이 베푸신 최고의 것을
최고의 상태로 내어주고 떠나라고

목숨을 던져 이 말을 건네고
떠나가는 노란색의 등이 아름답다.

눈

하늘이 하얗게 묻은 가루가 떨어진다.
어설픈 액체인지
미완의 고체인지
몽롱한 물의 상태에 담긴 메시지,
신의 애틋한 간섭이 낙하한다.

나의 절친은
눈을 '예쁜 쓰레기'라 한다.
모방하지 못할 육각형 미모,
그러나 도로의 몸살과 청소의 고단함,
실로 눈 내리는 날이면
성급하고 지저분한 세상의
시커먼 색채가 선명하다. 이것도 섭리⋯.

눈은 서두르지 않고
밝고 우아한 춤사위로 떨어지며,
겨울을 변호한다.
냉혹한 계절이 아니라고⋯.

조금만 귀를 기울이면
겨울의 하얀 입술에서 음악이 흐르고,
따뜻한 낭만이 나를 파고든다.

겨울이 뿌리는 하얀 문장들이
가난한 수레 위에도
외로운 장독대 위에도
도도한 소나무 위에도 골고루 떨어지며,
땅과의 소통을 시도한다.

우리의 소외된 주변을 돌아보며,
말을 걸라고 촉구한다.

땅에 입혀진 은빛 겨울,
차가움과 매정함의 비난을 껴안은 채
따뜻함을 부추기고,
그리움을 자극한다.

심히 동떨어진 하늘과 땅을
하얗게 연결하는 것, 겨울만의 주특기다.
인생에 매서운 겨울이 찾아와도
원망과 불평의 흑색이 아니라
온 세상을 백색으로 품을 용기가 솟아난다.

2부

곁길에서 본 인생

항구적인 매력

사람들은 매력의 점진적인 소멸을 걱정한다.
한 움큼의 근심이 늘 마음의 언저리를 짓누른다.
자신이 차지하던 타인의 눈길이나 발길이나 손길이
조용하게 떠나갈 것이라는 우려 때문이다.

그래서 고갈된 기존 매력의 대체물 찾기에 골몰한다.

더 강력하고 현란하고 자극적인 무엇이 발견되면,
앞다투어 취하려고 고비용 지불도 불사한다.
효력의 기한이 다하면 발생하는 미의 급속한 퇴행은
매뉴얼에 명시되지 않은 추가적인 비용이다.

고운 것도 탈색되고 아름다운 것도 증발한다.
다가가면 더욱 빠르게 소멸되고 지나가는
미의 신기루를 향해 돌진하는 문화가 안타깝다.
설렌 만큼의 빠른 상실감이 그 돌진의 종착지다.

미의 숨가쁜 갱신에 투입된 에너지의 올바른 사용처는
세월의 부식을 모르고 소멸의 걱정도 없는 매력,
성경이 제시하는 여호와 경외라는 영혼의 매력이다.

그 매력의 보유를 위해 어제도 오늘도
그 경전의 신비한 문자를 심안으로 뜯어보고,
문장들의 은밀한 행간을 수시로 드나들며,
마주치는 의미의 조각들을 수집하고 체화한다.

그런데도 그 매력은 아득하다.

숨과 산소

나에게 가장 가까이 있으면서
가장 먼 의식의 저편으로 유배된 존재, 숨.
숨을 가능하게 하고,
숨을 유익하게 만드는 숨의 소비 물, 산소.

태초부터 코의 구멍으로 주입된 숨과 산소는
구하지도 않았고 필요성을 느끼지도 않았는데
인생의 시작부터 끝까지 무상으로 주어지는
창조자의 각별한 선물이요 특이한 음식이다.

이빨과 위장의 협조가 필요하지 않아
갓난이도 먹고,
외모나 가문이나 직업이나 스펙과 무관하게
누구든지 동등하고 공평한,
소비자의 자격을 가지고,
소식이나 과식도 없이 적정량만 섭취한다.

뜨거운 여름에 냉장고의 저장도 필요하지 않고,
모든 것이 불가능한 죽음 직전까지
어떠한 자세로도, 누구의 도움도 없이
무시로 섭취할 수 있는 독특한 형태의 식량이다.

평생의 동반자인 숨과 산소는
인생의 비밀을 가장 많이 기억하는 증인이며,
공급자의 계심과 무조건적 배려를
조용히 은밀하게 보여주는 무형의 물증이다.

인간의 가벼운 실존과 창조자의 고귀한 사랑,
호흡의 교훈이 기묘하다.
인생의 무게는 한 모금의 숨으로 계량되고,
창조자의 아름다운 숨결도 그 숨으로 확인된다.

온전한 사람

말은 실천의 협조가 필요하다.
그래도 말이 단독으로 인생에 끼치는
영향력의 크기는 타의 추종을 불허한다.

생사를 좌우하는 말의 생산자,
키가 고작 세치에 불과한 혀,
배의 키처럼 인생의 방향도 좌우하고,
온 몸의 지배력도 홀로 행사한다.

하여 성경은 말에 실수가 없는 자,
혀를 능히 제어하는 자를
온전하고 유능한 사람으로 간주한다.
혀는 마음의 수석 대변인,
말은 영혼의 외출이기 때문이다.

외관상 자아가 밖으로 나오려면,
입술의 검문을 통과해야 하고
언어라는 복장을 착용해야 가능하다.

궁금증 하나가 전두엽에 올라탄다.
누가 주인이고 누가 하인인가?

입술이 영혼의 하인이다.
영혼은 말의 온도와 무늬를 결정하고,
혀를 길들이는 조련사다.

입술에서 출고되는 모든 말은
혀에서 빚어지나,

혀의 모든 동작은 영혼이 관리한다.

또 하나의 의문이 물음표를 민다.

내 영혼의 에너지는 무엇이고,
관리자는 누구인가?
온전한 사람의 근원은 어디인가?

잘못된 즐거움

원수가 패하거나 쓰러지면,
얼굴에는 차가운 미소가 그려지고,
고약한 즐거움이 누런 이빨을 드러낸다.
가슴에 웅크리고 있던
은밀한 보복심의 흉한 표정이다.

원수를 사랑의 대상으로 분류하는 것,
주께서 친히 선택하신 방법 즉,
원수를 위해 자신이 십자가에 매달리는
자기부인 없이는 가능하지 않다.

뒤집어 보면 원수의 존재는
주께서 걸어가신 십자가의 길로 가라고,
인생의 등을 떠미는 독촉이다.

십자가의 여로에서 어디까지 왔을지,
그 신앙의 현주소 파악도,
원수와 대면할 때에 비로소 가능하다.

항상 기뻐하고,
주님과 쉬지 않고 교통하며,
범사에 감사하는 신앙이 검증되는 것은,
형통의 날에 절친 앞에서가 아니라
곤고한 날에 원수 앞에서다.

적당한 분량의 다양한 원수들이
우리의 사방에 건재한 것은,
특이하나 세심한 하나님의 배려이다.

모두가 사랑의 대상으로 분류될 때까지
원수의 등장은 이어진다.

고통의 장치

진리는 내가 알았다고 확신하는 그 지점을
마땅히 알아야 할 것은 모르는 무지의 늪이라고 한다.
기억의 주름에 오랫동안 박힌 지식도,
오래된 오류일 뿐 진리의 지식과는 무관하다.

행복이 고작 몇 발짝 앞에서
등거리를 유지하며 평행선 행보를 이어간다.
손끝에 닿을 정도로만 다가오고,
손을 뻗어 잡으려고 하면 이내 멀어진다.

한번의 눈길로 영혼이 부서지는 사랑도
실체인 듯하면서 취하려고 하면,
살짝 건드려도 부서지는 비누방울 같은
허상에 불과한 것처럼 나를 따돌린다.

파스칼은 이를 '신의 섭리'라고 해석한다.
진리의 근원, 행복의 샘, 사랑의 뿌리인 신을 배신한 우리가
도대체 어디에서 떨어져 나왔는지,
그 단절의 고통을 느끼게 만드는 장치라고….

졸음

눈꺼풀에 올라탄 졸음,

이 귀여운 녀석의 가벼운 무게가
가냘픈 눈꺼풀 위에서는 천금이다.

졸음은 피곤한 몸이 보내는 전령,
행을 멈추고 쉼을 취하라는,
파업의 몽롱한 의사표시,
몸 전체에 흐르는 의식의 스위치를 끄겠다는
깜찍한 협박이다.

눈꺼풀은 졸음이 허락 없이 사용하는 광장,
차벽으로 저지하지 못하는 자유의 발언대,
요놈의 목소리를 몸 전체에 퍼뜨리는 확성기다.

졸음이 외치는 잠과 쉼의 역설에 맞서 저항하는 나,
금새 백기를 들고 투항하는 나,
달콤하고 포근하고 잔잔한
패배의 세계로 접어든다.

때로는 지는 게 이기는 것보다 낫다고 가르치는
졸음, 그 노~옴 참!

밥상해석학

밥상의 나눔은 소통이다.
각자의 숟가락과 젓가락이 언어를 교환한다.
무심한 이는 자신의 손에 잡힌 수저만 주목하나
유심한 이는 타인의 수저에 귀를 주시한다.

식탁 위에서의 모든 움직임은 다양한 표현이다.

수저의 반복적인 동선을 관찰하며,
음식에 대한 상대방의 기호를 읽어내고,
눈빛과 표정이 쓰는 상형문자 메시지를 읽으며,
상대방의 식감을 파악한다.

젓가락에 들린 음식물의 분량을 보며,
조급성의 정도를 가늠하고,
숟가락에 고인 국물의 눈대중 깊이를 재며,
감성의 안정도를 측량한다.

잡힌 숟가락과 젓가락의 미세한 진동에서
평정의 상태를 감지하고,
각자의 밥그릇이 비워지는 속도에서
동행과 배려의 여부를 식별한다.

음식물을 씹는 소리의 관리도,
밥상의 풍경을 좌우하는 유력한 요인이다.
씹을 때 입술의 적절한 개폐가 조절되지 않으면,
식탁의 감미롭고 아삭한 의성어도 소음이다.

밥상에는 보이지 않는 무색의 신호등도 있다.

신호등의 준수는 관계의 밀도에 따라 달라진다.
친밀하면 정지와 기다림이 많아지고,
소원하면 급정지와 동선의 침해가 잦아진다.

밥상 신호등의 깜빡임은 사랑이 결정한다.

하나님의 말씀을 묵상하고 나누는 시간에도
이러한 식탁 분위기가 재연된다.

인생의 마취제

잠이라는 인생의 마취제가
얼마나 유용한가!
의식의 희로애락 일체를
무료로 길들이는 묘약이다.

가슴에서 쓸개즙이 된 슬픔도
의식이 돌아오기 이전에
적절한 농도로 희석된다.

몸의 김밥말이 수준의 복통이 된 억울함도
보조도구 없이 아무 일도 없었다는 듯,
가볍게 게워진다.

눈에서 이미 터져버린 실핏줄의 피곤함도
하룻밤의 일상적인 마취가 끝나면,
깨끗한 흰자로 복귀한다.

정상수치 이상의 다급한 맥박이 된 흥분도
밤이 부르는 자장가의 음률에 순응하여
차분하게 된다.

홍당무 수준의 시뻘건 안색이 된 분노도,
밤새 달래어져 우윳빛 표정으로
아침을 기다린다.

이렇게 좋은 일을 하고서도,
잠은 '수면 후진국' 범부들의 혹평과 홀대로
억울하게 시달린다.

나아가 노동자의 수면을 탈취하는 문화는
환우들을 마취 없이,
수술대에 올리는 잔혹함의 원흉이다.

인생의 일사분기 분량의 시간대를
수면에 할애하신 창조자의 의도는
중력처럼 도도하다.

말의 타이밍

발화의 타이밍을 놓친 단어들이
구강에서 배회하며,
출고의 정당한 명분을 물색하고 있다.

말레이시아에 와서 만난 착한 사람들 중에
겨우 1개월의 경력을 가진 택시 드라이버,
아직 기준이 없어서
산더미 분량의 배려와 친절을 주었지만,
그 분량에 상응하는
감사의 말을 지불하지 못하고 내려서다.

35년간 말레이시아 한인교회 성도들을 섬긴 목사님,
아름다운 공간과 정성스런 음식과 ,
푸근한 미소를 주셨지만,
생각지 않게 타국에서 만난 환대의 감격이
얼마나 컸는지를 표현하지 못해서다.

스텝들 중에 학위를 이수하는 한 자매,
학우들을 위한 면학 분위기 조성에
흥건한 땀방울을 묻혔지만,
당연한 서비스로 여기다가
그녀의 수고가 자신의 수강권을
희생한 결과라는 사실의 공지를 놓쳐서다.

약관의 중턱에 막 공무원이 된 말레이시아 경찰,
이동의 방향과 방법을 몰라
일군의 질문들을 쏟아내는 우리를
귀찮은 기색이 전무한 표정과

친절한 목소리로 도왔으나
그 도움의 진정성에 어울리는
마음의 감사를 전하지 못해서다.

활시위의 팽팽한 정도에 따라
활에 실리는 에너지가 달라지듯,
말도 타이밍에 따라 효력의 크기가 달라진다.
경우에 합당한 말이
아로새긴 은 쟁반에 금 사과라는 금언,
그 정밀한 실재성에 경험이
수긍의 고개를 끄덕인다.

핫도그의 훈계

성큼 차가워진 아침,
따뜻한 핫도그를 든 학생이 앞서간다.
다행히도 동선이 동일하다.

손에 안긴 핫도그의 온기,
냄새의 몽롱한 옷자락을 흩날린다.
고르게 퍼진 피부의 기름기,
고소한 입자를 공중에 퍼뜨린다.

냄새의 뿌연 조각들이
뒤따르는 출근의 콧등에 올라탄다.

고소함을 누리다가 들키지 않도록
입술의 움직임을 자제하고,
코의 들숨으로 냄새를 씹는다.

냄새를 추월하지 않도록
학생의 심기를 건드리지 않도록
등거리 유지를 위해
보행의 속도를 조절한다.

바람의 횡포라는 변수가
공기의 흐름을 변경하는 경우,
가까운 잎새에게 문의한다.
좌회전, 우회전, 아니면 유턴인지

한 줌의 고소함을 취하려고,
고도의 집중력을 발휘하는 나···.

이러한 열심의 갑절을 하나님께 쏟은
엘리야의 특심이 떠오른다.
부끄럽다.

식당의 그리움

어디를 가나
한국인 식당은 고국의 향수를 자극한다.

나는 습관처럼 비빔밥을 주문한다.
여럿의 사랑스런 동료들이
밥상을 둘러싸고 있더라도,
고국의 그리운 이들이 보이지 않으니까
시무룩한 고독과 겸상을 하는 느낌이 들어서다.
돌솥에 담긴 메뉴의
다채로운 구성물을 비비고 섞으면,
그리움도 그 속에 부서져
조각조각 흩어질 것 같아서다.

일부러 요란하게 먹고 시끄럽게 대화한다.
그러다가 삐져 나온 고음의 한국어가
식당을 분주하게 다니면,
말레이 손님들의 눈치가 오도독 씹히지만,
급조된 눈웃음 교환으로 곧장 풀어진다.

식후에 급한 발걸음이 호텔로 향한 것은
잠시 숨었다가 되돌아온
그리움이 시킨 일이었다.

도시에 뿌려지는 소량의 빗줄기가
마음의 바닥까지 두드리며,
그리움의 먼지를 일으킨다.

시계의 일정한 맥박과는 달리
발에서 뛰는 심장의 시계는 숨을 헐떡인다.
그리움이 저지른 무질서다.

목까지 차오른 그리움과 함께 숙소로 들어와
마라톤 강의로 누적된 피곤을 씻어낸다.
수고한 신체를 깨끗한 침대에 눕히고 노트북을 열면
몇 마디의 메시지를 나누는 게 고작인데
하루치의 그리움이 몽땅 해소된다.

하늘을 덮은 비구름 때문에
오늘은 하루 종일 태양도 보지 못했다는
눈동자의 보고가,
이제서야 접수되고 인지된다.
그리움은 태양도,
그 앞에서는 존재의 빛을 상실하는 블랙홀과 같다.

외로움 퇴치법

때로는 외로움이 황갈색 몽니를 부리며,
마음의 제공권을 장악하려 든다.
그때마다 가장 행복하게 읽었던 서적을 꺼내
그 외로움을 마음에서 내쫓는다.

누런 책장들을 이곳 저곳 방문하며
그때에 감동의 시신경을 건드렸던 단어들,
외롭고 눅눅한 감정의 등 뒤에서
따뜻한 귓속말을 건넨 문장들과 재회한다.

검은 문자의 가지런한 배열과
각진 글꼴의 시크한 표정은 예전 그대로다.
아래위의 귀까지 꺾어가며 탐하였던
어느 페이지에 남긴 모나미의 짙은 밑줄들은
오랜 휴독의 시간 속에서 불어 뿌옇게 두꺼워진
연주황색 선분으로 변모되어 있다.

책장을 넘기다가 마주치는
땀과 시커먼 손때가 버무려진 다독의 흔적은
그때의 감흥과 희열을 다시 퍼 올린다.
그 흔적 주변의 여백을 빼곡히 채운
쪼가리 메모들에 담긴 대학생의 귀여운 사유도
불혹이 된 교수의 얼굴에 미소를 물려준다.

풋풋한 청년기의 지성에
촉촉한 습지를 만들어준 잠언서와
재회의 수다를 떨며 추억에 잠기는 동안
외로움은 어느새

투항의 백기를 남기고 종적을 감추었다.

오래된 두루마리 안에 말린 하나님의 말씀이
고난 중에 위로가 되었다는 시인의 경건한 고백을
조금 먼 발치에서 경험한다.

아이의 울음

꼬맹이가 텅 빈 예배당에 서서 운다.
그 울음이 2층까지 올라와 연구실로 스며든다.
하여, 내려갔다.
울음이 흥건한 아이의 말은 해독이 불가하다.

더 가까이 다가갔다.
놀랄까 봐 다가가며 최대한 밝은 미소를 유지했다.
아이는 뒤로 물러서는 기색 없이
무언가를 계속 설명했다.
여전히 판독불가 상태였다.

그러다가 시선을 아이의 입술에서 손으로 떨구었다.
끊어진 칸막이 끈을 꼬옥 붙들고 있던 그 손가락에
두려움과 긴장의 땀이 눈물만큼 흥건했다.

괜찮다며 아이를 살포시 껴안았다.
아이는 안도하며 나의 가슴에 자신을 파묻는다.
그래도 눈물의 흐름은 이어졌다.

그래서 끊어진 끈을
그 아이의 시선 앞에서 이어주며
아이의 가슴을 아프게 한, 끈의 연약함을 때찌해 주었다.

아이는 울음도 멈추었고 걸음도 밝아졌다.
가벼운 마음으로 뛰어간다.
세상의 자유를 다 가진 것처럼….

인생의 소리

골목에서 황급히 달려온 소리
한 꼬마의 울먹이는 슬픔이
지나가던 다수의 무관심을 움직이고,
불가능한 문제를 해결한다.

야지디족(Yazidis) 한 여성의 뼈아픈 치욕이
민족들의 귀에 들리고,
용기의 움츠러든 어깨를 펴 주고,
인류의 박수를 차지한다.

하늘의 진리가
사람의 옷을 입고 세상에 들어와
만물의 지친 신음을 삼키고,
감미로운 탄성을 입에 물려준다.

일평생이 들을 귀가 없는
황량한 광야의 소리였던 요한,
세상의 귀를 광야로 걸어오게 한 외침,
그 진리 들을 귀를 준비한 소리….

모든 사람은 각자에게 맡겨진
의미의 소리로 살아간다.
어떤 소리이고 누구의 귀에 들리는가?
하늘의 박수를 움직이는 소리인가?

돈이나 권력이 막지 못하고,
신분이나 성별도 관여하지 못하는
입술이나 문자가 대체하지 못하는
인격과 삶으로 나오는 의미의 소리….

대나무 젓가락

용모도 단정하지 않고,
기럭지도 고르지 않고,
손바닥에 올라온 촉감도 뾰족하여
쓸모가 없어 보이는 대나무 젓가락,

그런데 이 짤막한 작대기 두 조각이 훈계한다.
기능 중심적인 사고에 길들여진 머리에게,
성과 주도적인 일상에 익숙해진 손발에게,
효율성에 휘둘리지 말고,
시선을 존재 자체에게 돌리라고….

외모, 조금 번듯하고
문장, 조금 끈적이고
설교, 조금 세련되고
교회, 조금 북적이고
소문, 조금 요란하고
평가, 조금 그럴듯한 것 가지고
으스대지 말라고….

솔로몬이 부린 재주로 얻은
세기적 영광의 총화도
들풀 한 송이가 가진
가냘픈 존재의 무게보다 못하다고….
피조물의 땀으로 취한 기능의 가공된 영광이
이미 빚어진 창조의 영광과는
족히 비교가 안 된다고….

낯선 감정

분명 초면인데, 불쑥 들어온다.
노크도, 인기척도, 인사말의 격식도, 생략하고

마음의 골목을 이곳 저곳 누비면서
악수의 손을 뻗으며 신속하게 친화력을 발휘한다.

낯선 감정은 어느새,
중추신경 전역을 장악하고 모든 일과에 관여한다.

친숙한 감정들이 잠시 당황하며
회의도 하고 투표도 하며 사태의 변화를 주시한다.

이 낯선 불청객의 난입으로 엉클어진 마음이
서서히 평정을 회복하고, 다른 세상으로 들어선다.

그의 안내로 인생의 루비콘을 건너고,
다시 익숙한 세상으로 돌아갈 수 없어진다.

낯선 감정의 출입은 분초마다 일어나고,
의식의 발은 낯선 세상을 매 순간 내딛는다.

몸, 정직한 기상청

나이가 들수록 몸은 기상청이 된다.
일기의 변화가 몸으로 들어온다.
날씨의 적중률이 높을수록
몸의 상태는 심각하다.

자연으로 돌아가는 날이 가까우면
자연의 변화가 더 예민하게 느껴지나 보다.

그러나 나이가 들수록
땅에서의 구름과 바람의 변화보다
시대의 표적을 읽어내는,
나아가 신의 움직임도 감지하는
기상청이 되고프다.

감정의 둔화

때때로 감정의 의도적인 둔화가 요구된다.
감정의 유난히 많은 부위가 밖으로 노출된 사람은
증오나 분노에 보다 예민한 반응을 일으킨다.
감정의 맨 살을 덮어 둔화시킬 최고의 도구는
넘치는 감사와 기쁨이다.

감사의 잉여와 기쁨의 여분으로
감정의 표면을 골고루 덮으면,
격정적인 환경의 엄습에도 미소가 유지된다.
하나의 감정을 다른 감정으로 보호한다.

예민한 감성의 소유자는 사랑에 있어서도
감정 소비의 적정선 유지가 필요하다.
심장이 터질 듯한 사랑의 대상이 다가오면
과도한 감정의 분비물이
표정과 몸으로 분출한다.
치명적인 실수로 이어지지 않도록
지성의 사용량 증대로
감정의 촉을 둔하게 만들어야 한다.
이처럼 이성이 감성의 과잉을 방지하고 보호한다.

건강하고 안정적인 삶을 위해서는
일상을 윤택하게 하나
휘발성이 강한 인생의 활력소인
감성의 민감도를 때로는 다른 감성으로,
때로는 이성으로 조절하는 것이 필요하다.

빈 봉지의 행복

길 모퉁이에 낡은 리어카가 있다.
할아버지 할머니가
밀가루로 붕어를 생산하는 공장이다.

붕어가 없는 붕어빵의 기만이
그리스도 없는 그리스도인이라는
부끄러운 현실을 고발하여
지날 때마다 수치심이 화끈거려
출입을 자제해 왔으나
오늘은 냄새가 걸음을 설득했다.

한 봉지의 따뜻한 붕어를 사들고
연구실로 서두른다.
불안감이 뒤를 밟는다.

연구실은 아득한데
아뿔싸, 지인들과 하나 둘 마주친다.
표정이 굳은 봉지
수심에 잠긴 붕어
궁리에 빠진 주인

그 손들이 봉지에서 저녁을 꺼내간다.
끼니의 무게는 줄어들고
공복의 두께는 얇아진다.

연구실에 도착하니 붕어가 다 사라졌다.
냄새만 남은 붕어빵,
그런데 봉지의 빈 공간에

생소한 행복의 냄새가 가득하다.

나눌수록 불어나고,
비울수록 채워지는 신비한 행복이다.

사랑의 중재

사건이 터지면….

대체로 침착한 이성이 먼저
사건의 현장을 정찰하며
분위기와 정황을 파악한다.

기존의 무수한 개념들이
좌우로 정렬하며,
사태의 뜻풀이에 동원된다.

이성이 작성한 보고서를 받은
섬세한 감성이
반응의 수위를 조절한다.

이성과 감성의 합의가 조율되면,
근육이 발달된 의지가
적당한 분량의 인식과 감정을
여러 기관에 적절하게 배당하고,
각 기관은 신중하게 방출한다.

어떤 경우에는
눈치가 빠른 감성이나,
고집이 센 의지의 급한 반응이,
이성의 객관적인 탐구와,
차분한 보고를 훌쩍 앞지른다.

때로는 영리한 이성이,
때로는 치밀한 감성이,

때로는 도도한 의지가,
동지들을 따돌리고,
독단적인 지휘권을 행사한다.

감성의 순발력과,
이성의 분석력과,
의지의 추진력 사이에는
적절한 힘의 균형과 연합이 필요하다.

생의 모든 순간에
삶의 모든 사태에서 사랑은
지정의의 협력과 조화를 이끄는
전인적 성장의 견인차다.

사랑의 기호

온 세상을 기호로 이해한 에코를 즐독했다.
기호는 두 종류의 해석을 기다린다.
하나는 기호 제작자의 해석, 성경이고
다른 하나는 기호 소비자의 해석, 문명이다.

천지의 모든 기호에 충만한 것은,
기호의 인봉을 제거하는 열쇠는, 사랑이다.
사랑으로 판독되지 않는 만물과 역사라는 기호를
신은 만들지 않으셨다.

각 사람의 일대기도
해체해 보면 사랑의 다양한 배설물로 구성되어 있다.
그 인생의 무늬와 굴곡과 온도를 보고 있노라면,
신과 사람과 돈과 권력에 대한 그의 사랑이 읽어진다.

사랑이 없으면 읽어지지 않을
다양한 종류의 암호들이 이 세상에는 가득하다.
탐욕이나 악독이나 분노라는 열쇠로 다가오면,
진실은 뒤로 물러선다.

사랑 없이도 읽어지는 기호의 통속적인 의미는
진실이 자신의 속살을 숨기는 수단이다.
사람들 사이에 합의된 그 의미에 만족하는 순간
진실은 티 나지 않게 자신을 은폐한다.

그분과 나 둘만 아는 사랑의 다양한 암호들이
너무나도 많아 지루함과 따분함의 침투를 불허한다.
그 사랑은 얼마나 크고 얼마나 다양한 것이길래!
이 많은 기호들도 다 말하지 못한다는 기색이다.

거울

나는 자신을 하나도 드러내지 않으면서
또 하나의 동일한 세계를 창조한다.
자신을 감출수록 더 강해지고 더 행복하다.

나는 나에게 다가오는 이들의
있는 모습 그대로를 존중하고 보존하며
받은 모습 그대로를 돌려준다.

나는 타인의 접근으로 깨어나고,
타인의 시선을 섭취하며 살아가기 때문에
타인의 다가옴은 그 자체로 활력소다.

나는 없음으로 타인의 있음을 확보하고,
타인의 있음으로 자신의 있음을 취하기에
언제나 타인이 자신보다 우선이다.

나를 보고서도 나를 보았다는 이가 없도록
자기 자신만 제대로 보았다는 이만 있도록
늘 반듯하고 깨끗하게 나를 철저히 가리는 것
그것이 생존의 비결이다.

나는 거울이다. 섬길 누군가를 늘 기다리는….

뉘앙스 소통법

발화된 말은 때때로 그 자체의 의미보다,
말의 표면에 끈적하게 묻은
미묘한 뉘앙스가 화자의 본심이다.

그 뉘앙스가 말의 뼈대이고,
표현은 뉘앙스 탑재용 로켓이다.
표현된 말은 귀에 머물고,
탑재된 뉘앙스는 마음으로 들어간다.

물론 이러한 화법은
문자가 버거워 할 정도로 심오한 내용을
소중하게 건넬 때에 대단히 유용하다.

동시에 감정의 과도한 충돌을 피하는
배려의 방편으로 쓰이기도 한다.

또한 다소 아픈 내용의 말이라도
상대방이 마음의 내상을 입지 않도록,
충격이 완화된 의미만
부드럽게 전달할 때에 활용된다.
이는 고도의 숙련이 필요한 용법이다.

반면
감정의 얕은 끓는점을 훤히 드러내는
직접적인 구술의 민망함도 면하고,
옹졸함의 혐의를 터는 용도로도 동원된다.

상대방의 심기는 통쾌하게 건드리되.

공격성을 입증할 말의 물증은 남기지 않는
교묘하고 치밀한 어법이다.

말귀가 어두운 자는 이런 어법이 고단하다.
행간에 깃든 본심의 조각들을
찾기도 힘들고 맞추기도 어려우며,
그 실패의 후 폭풍도 피를 말리기 때문이다.

비록 문장에 매달린 본심을 안 때에라도
반박할 표현의 디딤돌이 없기도 하고
대화의 죽을 맞추기 위해
행간 혹은 뉘앙스 소통법을 구사해야 하는
고단한 화법의 악순환이 이어진다.

화법에 있어서도
배려에는 둔하고 공격에는 민첩하다.
말씀이신 예수님의 성육신은
꼬인 소통법의 유일한 열쇠임에 분명하다.

잠수종과 나비

왼쪽 눈꺼풀,
저자인 장 도미니크 보비에게
자신과 세상을 이어주는 끈이었고,
작가의 붓이었다.

15개월 동안 20만 번 이상의 눈 깜박임을 통해
그는 소책자 분량의 걸작을 완성했다.
보비의 팩트 감지력은 상상을 초월한다.

한 쪽 눈꺼풀 동작만 허락된 인생을 살아가며
그는 인생 자체가 기적 박람회와 같음을 체험하고
그 인생을 눈꺼풀로 지면에 번역한다.

구강에서 새나가는 침을 삼키는 것,
자식의 머리를 사랑의 손길로 쓰다듬는 것,
상심한 이에게 위로의 품을 내어주는 일조차도
그에게는 이루어질 수 없는 기적이다.

그런 기적은 점점 무디어져
무신경한 일상이 되고,
감동과 감사의 촉촉한 물기는 메말랐다.

죽음을 생각한다

아름다운 별의 떨어짐을 보며….

죽음은 생명의 반납이다.
죽음은 호흡의 비움이다.
죽음은 의식의 마비이다.
죽음은 바라봄의 중지이다.
죽음은 반응의 없음이다.
죽음은 소통의 종결이다.
죽음은 눈빛의 탈색이다.
죽음은 웃음의 증발이다.
죽음은 소망의 박탈이다.
죽음은 열정의 식음이다.
죽음은 사랑의 종말이다.
죽음은 나눔의 종식이다.
죽음은 함께 찢김이다.
죽음은 설렘의 상실이다.
죽음은 행복의 소실이다.
죽음은 기쁨의 소멸이다.
죽음은 기억의 삭제이다.
죽음은 느낌의 마름이다.
죽음은 기다림의 중단이다.
죽음은 반복의 멈춤이다.
죽음은 존재의 실종이다.
슬프고, 슬프고, 슬픈, 슬픔이다.

죽음의 끝은 없음의 없음이다.
죽음의 죽음은
일시적인 없음 너머의 영원한 있음이다.

책, 생물이다

책은 누군가의 시선을 기다린다.
방문할 때까지 검정색 활자의
아리따운 자태를 유지하며,
방문을 받은 책도 그 시선의 재방문을 기다린다.
아직 파악되지 않은
한 움큼의 의미가 있다고 주장하며….

베스트 가판대에 올라 겹겹의 지문이 찍힌 책이라도
독자의 의식을 계속 자극하고 시선을 다시 유혹한다.
방문과 재방문 사이에 낀 세월이
행간에 슬그머니 삽입한
새로운 의미의 농염한 속살을 살짝 내보이며,

그렇게 책은 계속 변화하는 생물이다.

글은 유의미한 사상이
검정색 잉크를 입고 태어나,
머리카락 두께의 책장 사이에서
맞은 편 페이지에 속한 문자와,
조용히 포개어져 있다가
누군가의 손에 잡혀 책장이 펼쳐지면 깨어난다.

독자의 눈빛을 먹으면서 존재의 크기가 자라나고,
세월의 풍상을 겪으면서 의미의 뼈대가 굵어지고,
어느덧 인생의 길이보다 더 오랜 시간을 버티면,
역사의 승인을 받아
수염 덥수룩한 고전으로 분류된다.

때로는 새로운 사상과 만나 잉크를 입혀주고,
때로는 다른 사상을 가진 벗들을 만나
생각을 나누면서,
하루에 한 페이지씩 무언가가 쓰여지고 있는 나는
누구의 손에 펼쳐져 어떤 책으로 분류될까?

관계의 종착지

숙고를 요구하는 파스칼의 자백처럼

때로는 종교적 숙련됨을 뽐내면서,
때로는 고혹적인 필력이나 감미로운 능변을 뿌려서,
때로는 너그러운 나눔과 베풂의 모양으로
사람들을 유인하여 자신을 사랑하게 만든다면,
그래서 그들의 시간과 의식을 소비하게 만든다면,
비록 자신은 유쾌하고 행복하나,
타인으로 하여금 시간의 합당한 용도를 변경시켜
인생의 일부를 허비하게 만든 것이기에
교묘한 범법으로 간주된다.

신이 인생에게 부여하신
모두의 공통적인 목적과 각자의 개별적인 목적이
구현되는 방향으로 관계를 맺어가는 것,
즉 하나님께 나아가고 그분의 영광을 위해
타인이 고유한 소명을 이루며 살도록 배려하는 것,
썩어 없어지는 일시적인 변동물의 취득이 아니라
영원히 소멸되지 않는 것을 구하고 얻도록 돕는 것,
그것은 창조의 원리에 부합하다.

너무 건조한 사색인가?

이러한 마음으로 서로에게 다가가면,
혹여 신의 푸짐한 축복이 깃든
보다 아름다운 관계의 길목으로 접어들지 모른다는
부푼 기대감을 갖는다면, 바보일까?
나 자신을 관계의 종착지로 설정하지 않고,

그 끝을 하나님께 두는 관계를 범사에 구한다면
관계의 달인 등극을 넘보아도 좋다.

타인과의 관계에 있어서 나는
여전히 나를 사랑하게 만들려는 풋내기다.

동역자의 영정 앞에서

생명의 주관자 되시는 하나님 아버지,

갑자기 들이닥친 이별,
인기척도 없이 찾아온 비통함에
아픔과 슬픔의 눈물이 앞을 가립니다.
눈물 이외에는 온 공동체의 마음을 표현할
다른 언어가 없습니다.
너무 비통하고, 너무 아프고, 너무 슬픕니다.
떠남과 보냄은 아무리 많이 경험해도
낯설기만 하고 전혀 익숙하질 않습니다.

사랑하는 사람의 떠남은
몸이 찢어지고 존재의 살점이 뜯기는 듯합니다.
공동체의 가슴은 시퍼렇게 멍들고,
눈에는 무거운 슬픔이 연신 흘러 내립니다.

더 아프고 더 슬플 유가족의 마음과 삶을
주님의 따뜻하고 아늑한 품으로 안아 주옵소서.
그의 떠남이 결코 헛되지 않기를 원합니다.
유가족과 전주대 공동체 모두에게….

가족과 전주대 공동체를 위해
기쁨으로 쏟아 부은 당신의 사랑과 섬김,
각자의 마음에서 영원히 잊혀지지 않는
향기로운 추억의 꽃으로 계속 피어나길 원합니다.

당신은 주님 품에서, 우리는 길 위에서
같은 뜻을 가지고 같은 방향으로 걸어가는

죽음도 가르지 못하는 영원한 동료임을 믿습니다.
주의 낙원에서 예비된 안식을 누리소서.

채 무 와 변 제

적당한 분량의 피로는
달달한 숙면의 역설적인 조건이다.
낮에 성실해야 밤이 달콤하다.

돈이든 재능이든 시간이든 건강이든
살았어도 땅에 파묻어 두면
악하고 게으른 종의 혐의에서 자유롭지 않다.

살아서 숨쉬는 동안에
주어진 모든 에너지를 유효하게 소비해야 한다.
남기거나 오용하면 채무이고 무덤은 변제소가 된다.

무덤 건너편에 있는 하늘의 법정에 서면
통장의 잔고는 수치의 근원이며,
말짱한 육체는 불성실의 증거물로 채택된다.

예수님은 주어진 물과 피를 다 쏟으셨다.
맡겨진 모든 일을 다 이루셨다.
무덤은 부활의 영광이 수여되는 시상식 장소였다.

향 수 (香水, per fumum)

고대부터 신과 인간을 잇는
향기로운 입자의 흐름,
어디든 파고들어 통하게 만드는
무색의 은밀한 연기,
나른한 감정의 코를 자극하는
그 냄새 분자들이 연구실에 자욱하다.

출입하는 이들에게
방장의 눈길보다 더 빠른 속도로 달려가,
코의 비강에 둥지를 튼
후각감지 세포를 접대한다.
후훗, 눈보다 코가 기억의 유통기한,
더 길다지!

성경에서 향기로운 냄새는
신의 후각에 보내는 인간의 편지,
인간의 심경을 하늘까지 배달하는
충직한 감정의 우체부,
그러나 천상의 코를 접대하는 향기는
예수 그리스도!

사람을 향해서든 신을 향해서든
향수라는 매개물이 필요한 나의 실재는
감미로운 향기일까?
씁쓰름한 악취일까?

사랑

모든 만물과 모든 주제를 다 삼키는 먹방이다.
하늘은 사랑의 무제한을 설명하는 파란 입술이다.
땅은 사랑의 구체적인 양상들이 진열된 박람회다.
바다는 그 자체로 사랑의 촉촉한 수분이다.

하늘과 땅과 바다에 있는 모든 만물의 각각은
그 장엄하고 오묘하고 아름다운 사랑의 조각 메시지다.
어떠한 주제를 건드려도 사랑이 그 주제의 종착지다.

사랑은 모든 만물을 최고의 존재로 바꾸는 마술사다.
지극히 초라한 미물도 사랑의 손아귀에 잡히는 순간
한없이 아름다운 존재로 승격된다.

너무도 일상적인 눈의 깜빡임에
한 방울의 사랑만 번져도 위대한 예술로 승화된다.
얇은 철사도 자신의 가냘픈 몸을
배배 꼬아서 사랑을 말하면
세상에서 가장 값진 귀중품이 된다.

그 흔한 그림자도 없는
무형의 존재인 공기라 할지라도
사랑하는 이의 순수한 향기와 숨결을
그대로 전한다면,
대체물이 없는 최고의 보물이다.

모든 존재가 고유하고 개별적인 기능을 가지지만,
사랑은 본유적 차원에서
그 존재의 기능적인 무게를 결정한다.

만물은 사랑의 수종자가 되는 지점에서
모든 종류의 격차를 극복하고,
기능적 평등에 도달한다.

성경 전체도 한 입에 삼키는 사랑의 비밀,
나는 그 신들메도 풀지 못하고 있는 실정이다.

안전한 사랑

사랑은
과연 의존성과 결핍의 본성인가?
나의 부족을 채우기 위해
든든한 무언가에 기대려는 성향인가?

세속적인 발상일지 모르겠다.
사랑은 오히려
상대방의 결핍과 필요를 채우기 위해
나를 내어주는 것이기 때문이다.

사랑은 타인의 만족을 나의 만족으로
타인의 기쁨을 나의 기쁨으로
타인의 행복을 나의 행복으로 여기며,
자신의 유여한 것으로
타인의 모든 부족분을 채워주는 내어줌이다.

사랑하면 자신과 타인 사이에
만족과 기쁨과 행복의 경계가 지워진다.

사랑은 두 주체의 거리를
최대한 좁히려는 마음의 바람이다.
그래서 서로의 곁을 내어주며,
모든 종류의 간격들이 극도로 좁혀져서
없어질 때까지 다가간다.

중요한 것은 사랑의 대상이다.
세상을 사랑하면 세상과 연합한다.
썩어서 없어지는 세상의 변동적인 것과

짝하면 사라질지 몰라 불안하다.

하나님을 사랑하면 안전하다.
하나님과 간격이 없는 연합을 이루어도
영원토록 변하지 않으셔서
소멸과 상실의 두려움이 없어서다.

영원하신 하나님을 사랑하면 과연
모든 두려움이 제거된다.

눈물이라는 언어

애통하는 자의 복을 설교하며,
눈물을 생각한다.

촉촉한 언어가
눈시울에 잠시 머물다가 떨어진다.

회개의 기도가
뺨에 고뇌의 신작로를 낸다.

물컹한 단조가
서행하며 수직으로 하강한다.

문자가 포기한 사연이
눈두덩에 올라 호소한다.

전달력이 가장 강한 물기가
턱선에 매달린다.

번역이 필요하지 않은
투명한 문장이
무거운 표정 위에 쓰여진다.

가장 애절한 기호가
뭇 마음들의 지표로 스며든다.

영혼의 울음이
액체가 되어 시위한다.

슬픔의 분비물이
위로와 보호의 신경을 자극한다.

눈물의 언어를 읽고 반응하실
위로의 아버지가 계시니 행복하다.

그 행복을 눈이 읊조린다.

포기의 역설

태양이 떠오르면
지구가 시야에 들어온다.
눈의 그 절친이 하늘에서 내려오면
우주가 얼굴을 드러낸다.

낮이든 밤이든
눈은 사물을 갈망한다.
그 눈을 감으면
마음이 지각의 기지개를 편다.

기쁨의 파란색이 보이고,
슬픔의 습기가 감지되고,
고독의 저음이 들리고,
절망의 중량이 측정되고,
분노의 냉기가 느껴진다.

나의 눈과 나의 마음을 닫으면
열리는 시야는 더 넓어진다.

공간의 종적인 경계와
시간의 횡적인 제한과
현세의 울타리 너머에 있는
영원과 내세가 의식을 파고든다.
신의 인기척도….

버렸는데 소유하고,
잃었는데 주어지는
포기와 상실의 역설이다.

그런데도 우리는
지금만 주목하고,
여기만 고집하고,
자아만 사수한다.

가위의 입맞춤

딸래미가 곁에서 가위질을 한다.
필요한 부분과 불필요한 부분의 경계를
두 개의 예리한 날이 입맞추며 고른 속도로 지나간다.

삭둑삭둑,
두 날이 만나서 나누는 대화인 줄 알았는데
그런데 종이 조각들이
최대치의 데시벨로 부르짖는 이별의 절규였다.

손을 꼭 붙잡고 살을 맞대고 있던
종이의 변두리 조각들이
그 입맞춤과 함께 마법에 걸린 듯 힘없이 낙하한다.
가위의 차분한 입맞춤은
이별의 고통을 잠시 완화하는 배려의 마취제요,
다른 운명으로 갈라서기 전에 치르는
일종의 예스러운 의식이다.

드물게,
불필요한 존재라는 의식이 엄습한다.
가위질의 경계에 서 있다는 느낌도,
단물도 빠져 아무것도 아닌 껌딱지나
신경의 후퇴로 감정도 말라버린 군살이 되더라도
제발 그분 곁에 붙어만 있어도 좋겠다는 바람….

십자가에 달려 죽기 전 마지막 숨을 밀어내며,
'기억'만 해 달라던 도둑의 벼랑 끝 소원을
삭둑 잘라내지 않으시고 들으신 주님을 생각하며
긴장을 털고 안도의 숨을 밀어낸다.

태양의 누설

근무지를 가을로 옮기면서
태양의 긴 노동시간, 줄어들고
늦은 퇴근시간, 빨라졌다.

업무의 길이는 서서히 변화한다.
그런데 역사 속에서는
파격적인 일탈도 일어났다.

그 파격은 애굽에서 발생했다.
모세가 징계의 손을 하늘로 올리자
캄캄한 흑암이 그 나라를
삼 일이나 촘촘하게 뒤덮었다.
예고도 없이 이루어진
태양의 도발적 결근이 아닌
고용주의 지시에 따른 휴가였다.

이방인이 경험한 이 징계는
마지막 날에 온 인류의 심판에서 결의될
태양과 달의 영구적인 퇴출,
아니 명예로운 은퇴를 귀띔한다.

업무의 시간이 늘어난 경우로는
여호수아 시대에 태양과 달이 작심한 듯
이스라엘 백성의 아모리 정복을
지원하기 위해 야근까지 한 사건이다.

하늘 광명체의 연장근무 덕에
그 백성은 화끈한 대승을 거두었다.

태양이 퇴근까지 포기하고,
업무의 중천에 거의 종일토록 머문 사건을
야살은 종말정산 차원에서
역사의 근무일지 속에 기록했다.

이 사건은 마지막 날에 주어지는 복,
그들에게 하나님과 그의 영광이
영원한 빛이 될 것이라는 복의 맛보기다.

이 사실을 가을은 조금씩 누설한다.

인생의 실상

어떤 철학자는
인간이 툭 던져진 존재이기 때문에
인생에 동기나 목적이나 의미나 질서나 도덕을
요구하면 안 된다고 말합니다.
인간은 삶의 방향과 목적을 스스로 결정하는
어디로든 스스로 던지는 자입니다.

과연 그런가요?
이는 죄로 말미암아 방향과 목적의 상실로
방황하는 인생의 컴컴한 실상을
여과 없이 잘 드러낸 이해 같습니다.

죄가 유일하게 없으셔서
어떠한 혼돈도 방황도 없으신 그리스도,
그는 자신이 보내심을 받았다고 하고
인생의 방향과 목적은
자신을 보내신 이의 뜻이라고 하십니다.

인생의 본질이 여기에 있습니다.
어떠한 사람도 맹목적인 출생으로
요람에서 무덤까지 생물의 숨만 이어가는
무의미한 존재는 없습니다.
모두가 하나님의 보내심을 받았으며,
보내신 이의 숭고한 뜻을 지니고 있습니다.

그 숭고함은 인생이 스스로 구현할 수 있는
의미의 초라한 상한선을 훌쩍 넘습니다.
모세와 다윗과 바울은

심지어 자신의 생명보다 귀하다고 말합니다.
그래서 목숨과 마음과 뜻과 힘을
그것의 수단으로 동원하길 서슴지 않습니다.

그 숭고함의 크기는
출신 가문이나 국적이나 피부색의 명암,
재능이나 재산의 상태나 월급의 크기,
인맥의 넓이나 활동의 범위에 의해
결정되는 것도, 변경되는 것도 아닙니다.
그 누구도 위축될 필요가 없습니다.

3부

곁길에서 본 신앙

공동체의 미

"우리가 우리 하나님께 범죄하여"(스 10:2).

모세의 율법에 익숙한 학자 에스라는
그 이름의 의미대로 여호와의 도우심을 입음으로
왕에게 구하는 것은 다 받은 인물이다.

진실로 하나님과 사람 앞에서
칭찬과 존경을 두루 받은 분이지만
그의 행보는 왕의 수라상에 끼려고,
겸상의 군침을 흘리거나
이미지 관리로 거룩한 척 하는
경건의 코스프레 따위와는 무관했다.

오히려 그는
이스라엘 백성의 영적 상태를 늘 주시했다.
단순히 관찰자나 구경꾼이 아니라,
끊어질 수 없는 사랑의 운명 공동체로 생각했다.
그런데 그들이 하나님께 범죄했다.
그에게는 남의 일이 아니었다.

그래서 엎드렸다.
"우리가 우리 하나님께 범죄하여."
마치 예수님의 기도문이
구약에도 있었다는 인상까지 주는 표현이다.

에스라와 이스라엘 백성은 "우리"였고
"백성"의 죄는 "우리"의 죄로 여겨졌다.
사회나 교회나 개인에게 문제가 발생하면

대체로 불똥이 튈까 봐 서둘러
정죄의 손가락을 내뻗으며,
죄인과 섞이지 않으려는 거리 만들기에 주력한다.

그러나 에스라는 백성을
자신과 분리될 수 없는 존재로 여겼고,
그들의 죄를 우리의 죄로 품었으며,
통회하는 죄인의 자리에서 엎드렸다.
그러자 많은 백성이 덩달아 크게 통곡했다.

이런 통곡은
주님의 귓가에 참으로 아름다운 멜로디다.
에스라의 리더십이 아름답다.
여호와의 도우심이 아름답다.
그런 아름다움, 지금은 너무도 희귀하다.

사도의 신학 연구

신학은 예술의 경지를 요구한다.
그것은 언어적 장신구의 웃통을 과감하게 벗고
연구자가 자신의 시각으로
사물의 진실을 목격하고,
손의 촉감으로 더듬을 수 있도록
명료한 논지를 펼치면서,
사물의 본질을 단순하고 직접적인 화법으로
설명해야 한다.

이러한 이해는 바로
사도들이 생각한 신학의 기능이라 한 사람은
시인의 감수성을 가진 목회자,
프랑스의 챵디우(Antoine Chandieu)다.
신학이 요구하는 듣는 청각성과
보는 시각성과 만지는 촉각성을
요한은 이렇게 표현한다.

"태초부터 있는 생명의 말씀에 관하여는
우리가 들은 바요
눈으로 본 바요
주목하고 우리 손으로 만진 바라"(요일1:1).

도구의 분수

고대의 앗수르와 바벨론은
패역한 이스라엘 백성의 종아리 찜질을 위해
악을 선으로 바꾸시는 주님께서
친히 세우시고 채용하신 징계의 도구였다.

그러나 그들은 도구의 분수를 망각했고,
넘어가지 말라고 그어놓은 명령의 금을 무시했다.
자력으로 융성해서 온 세상을 호령하고,
제국적인 통치의 홀을 휘두르는 것이라고 착각했다.
그들의 교만에 심판의 따끔한 철퇴가 가해졌다.
결국 무너진 돌무더기 신세로 전락했다.

어리석은 목회자는 그런 우매함을 답습한다.
섬김을 위해 허락된 권위의 정지선을 무시하고,
정계의 수장이나 재계의 총수처럼
수종의 자리를 떠나 군림의 자리로 슬쩍 이동한다.

설교가 뛰어나고 행정에 능숙하고,
초자연적 기적까지 수 차례 일으키면,
영혼의 끼니 공급자 본연의 자리를 떠나
목소리를 깔고 설교와 기적 소비자의 지갑을 털고
심신까지 목회자의 추종자나 노예로 만들려는
부여되지 않은 권위의 남용을 저지른다.

당회장, 노회장, 총회장의 와전된 직명은
오늘날 교회의 일그러진 문화를 대변한다.
당회와 노회와 총회의 회의 진행자를
교단이나 기관의 대장, 머리, 대표자로 간주하고

막대한 예산의 최종적인 결정권을 부여한다.
그 권한의 취득을 위해 불법이 합법으로 둔갑하고
정의는 침묵의 바다 속으로 유배된다.

교회에는 돈 냄새를 맡은 파리들이 들끓고,
부패의 짙은 악취가 교회의 냄새가 되어,
세상의 코를 후비며 극도의 혐오감을 촉발한다.
벼랑 끝으로 내몰린 교회의 비참한 현실이
의식의 문을 두드리나 무관심의 벽에 부딪친다.

오늘날 하나님을 대적하고,
교회를 허물려는 외인들의 색출보다
더 시급한 것은 교회 내부의 대대적인 갱신이다.
목회자가 하나님의 나라를 섬기기 위해
부여된 권위의 한도를 벗어나지 않는 것이
본질적인 갱신의 부끄러운 일 순위다.

낙타무릎

낙타처럼 무릎에
기도의 두터운 군살과 촘촘한 흉터가
생길 때까지는
성경의 본의도 읽어지지 않고,
목회도 그저 껍데기 연출에 불과하다.

그래서 스펄젼은
열 사람에게 설교를 가르치는 것보다
한 사람에게 기도를 가르치고 싶다고 피력했나?

피코의 욕심

가장 광범위한 영역들과 인물들의 절충을 시도했던
15세기 르네상스 최고의 철학자
피코델라 미란돌라(Pico della Mirandola)

둔스 스코투스 안에서는 열정적인 변증학을,
아퀴나스 안에서는 균일한 충실함을,
로마의 가일즈 안에서는 깔끔한 정확성을,
둔스 스코투스 수제자인 메이론의 프란시스 안에서는
치명적인 정밀성을,

알버트 대제 안에서는 우아하고 고풍스런 박학을,
겐트의 헨리 안에서는 부동의 숭고한 엄숙성을,
아베로 안에서는 요동함이 없는 견고함을,
아벰파케 안에서는 고매한 진지함을,

아비첸나 안에서는 신적이고 관념적인 고상함을,
심플리키우스 안에서는 풍요로운 철학을,
테미스티우스 안에서는 절제되고 우아한 글쓰기를,
아프로디시아의 알렉산더 안에서는
유식하고 구성적인 사유를,

암모니우스 안에서는 감미롭고 공감적인 언술,
폴피리 안에서는 풍요로운 주제와 종합적인 경건을,
이암플리쿠스 안에서는 비학과 이방 민족들의 신비들을,
플로티누스 안에서는 신적인 것들에 대한 능변과
인간적인 것들에 대한 인간미를 배웠다고 한다.

나는 성경과 기독교의 역사 안에 등장한
모든 믿음의 선진들이 보여준,
모든 탁월한 경건의 조각들을
몽땅 취합하고 싶다. 참 과한 욕심이다.

신의 드라마

보시기에 심히 좋았다는
창조자의 평가에서
배제되는 사람은 아무도 없습니다.

신이 작성하신
수 천년 분량의 시나리오 안에서
모든 사람은 삶의 무대에 등장하여
다른 누구도 대체하지 못하는
고유한 배역을 감당하고,
일정한 분량이 채워지면,
역사의 무대에서 조용히 빠집니다.

모두가 단역이기 때문에
무대에 다시 돌아오는 법은 없습니다.
감독에게 천 년은 하루에 불과하기 때문에
출연의 길이도 중요하지 않습니다.
대체로 70년, 강건하면 80년···.

우주 최대의 드라마 안에서 맡은
각자의 역할에 대해서는
결코 타인이 알려주지 않습니다.
다르게 보이려고 자신을 바꾸지 마십시오.
나를 찾으려고 옆 사람을 보지 마십시오.
'성경'이란 대본을 보십시오.
그곳에만 감독의 지시가 명시되어 있습니다.

대본의 모든 문장들이
그리스도 예수를 가리키고 있습니다.

진리의 한 조각이 우리의 배역이며,
예수님의 한 마디가 우리의 대사이며,
분장은 하나님의 형상에 입혀진
각자의 특유한 생김새로 주어져 있습니다.

타인의 배역을 나의 배역으로,
타인의 분장을 나의 분장으로,
타인의 대사를 나의 대사로 취하려고 하면,
인생은 꼬이고 연극은 망합니다.

역사는 이 드라마의 감독이 배역의 바통을
악한 시대에는 악인의 손에,
선한 시대에는 선인의 손에 전달하며,
결국에는 주인공의 두 번째 등장과 함께
해피엔딩으로 종료될 것입니다.

내 안의 십자가

촉촉한 비의 피부를 손끝으로 건드리며,
무더위의 계절이 남긴 일상의 흉터를 더듬는다.

예배당의 전면 스크린 뒤에 몸을 감추고,
까치발로 서서 고개를 내민 십자가가
왠지 기독교의 슬픈 흉터처럼 보여 애잔하다.

하늘의 아랫배를 푹푹 찌르며,
도시의 지붕 위로 솟아오른 십자가들….
예배당의 노른자 부위를 차지한
화려하고 세련된 각양의 십자가 형상들….

인격과 삶이 십자가가 되어야 할 교회는
교회의 교회다운 정체성의 대체물로
신원의 꼭대기에 십자가 조형물을 세우지만,
도시의 이맛살에 언짢은 주름만 덧입힌다.

분명 십자가를 문 교회인데,
도대체 무슨 최강의 방부제를 썼는지….
썩음의 기미도 없이 용하게도 보존되는
저 끈질긴 세습의 살찐 옆구리에
곱하기의 흉터를 남기고 싶은 심정이다.

종교적 장신구로 전락한 십자가,
인격과 삶 속으로의 내면화와 체질화가 절실하다.
십자가가 회복과 희망의 깃발이 되는 날, 고대한다.

칼빈의 인문학

23세의 새파란 약관에 일찍이
법학의 사상적 경지에 오른 칼빈은
고전의 길목에서 지성의 황홀경을 경험한다.

당시 학계의 총아로 알려진 에라스무스의
학문적 허술과 부실까지 당돌하게 지적하되,
서론의 문짝에서 대놓고 들추어낸,
세네카의 관용론에 대한 그의 야심찬 주석은
젊은 인문학의 수준급 향연이다.

그런 인문학자 칼빈은 이제,
성경의 보다 경이로운 해저로 빠져든다.
전능자의 위대한 맥박이 감지되고,
천상의 신비로운 숨결이 느껴지는
거룩한 텍스트의 행간을 경건한 눈물로 적시며,
진리의 더 깊은 심연을 파고든다.

그리고는 평가의 일성을 내뱉는다.
자신에게 심장이 터질듯한 희열을 선사한
모든 철학과 수사학의 힘이라는 것이
신의 가르침 앞에서는 한낱 연기였을 뿐이라고….

이것은 인문학의 폄하가 아니었다.
신동 수준으로 학문의 정수를 경험한 자였지만,
최고의 기쁨과 행복을 제공한 것조차도
뿌연 연기처럼 보여질 수밖에 없도록,
위대하고 눈부신 성경의 진리를 만났기 때문이다.

무릇 신학의 길을 걸어가는 자는
꿀의 당도를 능가하고 순금의 고귀함도 따돌리는
진리와의 황홀한 만남을 사모하며,
학문의 고매하고 풍요로운 강도 지나가야 한다.

섭리, 그 오묘한 스타일

반복적인 일상의 객지에서
뜻밖에 만나는 '우연'이나 '운명'은
신의 은밀한 섭리에 익숙하지 않은 사람들이
합의하여 고른 뜻밖의 이름이다.

인생의 무대 곳곳에 등장하는
아무리 사소한 일상이나 하찮은 미물도
그 필요성이 기막히게 적당하고,
그 적시성이 놀랍도록 절묘하다.

하나님의 오묘한 섭리는
눈 있는 자만 보도록, 귀 있는 자만 듣도록
그렇게 각양의 은밀한 덮개로 가리어져 있다.
불쾌한 것, 불쾌한 사람, 불쾌한 사건,
이 모든 것들의 적절한 쓸모도
사람들의 의식을 피해 때를 기다린다. 가만히….

나이의 눈금이 하나씩 추가되고,
이마의 주름이 조금 더 파이면서,
필요와 불필요의 경계가,
불쾌와 유쾌의 구분이 모호해져 간다.

마른 지팡이가 홍해라는 절망의 심장을 가르고,
당나귀가 이방 선지자 발람의 이빨을 꺾고,
곱고 아름다운 것과 전혀 무관한 나사렛의 필부,
그의 출생과 행보가 역사의 기준점이 되고,
그의 귀환이 역사의 마침표가 되는 일들이
그 섭리의 역설적인 스타일을 드러낸다.

나의 안구는 섭리의 지문을 찾으려고, 이제
비천하고 미약하고 가난한 존재와
불쾌하고 답답하고 소소한 일들을 주목한다.

삯이 아니라 은혜

행한 대로 갚지 않으시니 감사하다.

노동의 땀을 흘리면 보상이 주어진다.
이는 신의 직인이 박힌 규율이다.
역사의 바퀴가 굴러가는 불변의 궤도는
분명 행한 대로 갚으시고,
심은 대로 거두시는 신의 결정이다.

그런데 보상이 은혜가 아니라 삯이라는
해석에는 고개가 옆으로 돌아간다.
인간문맥 안에서는 품삯일 수 있겠으나,
하나님 앞에서는 아니라는
바울의 야무진 문제제기 때문이다.

열심히 공부하면 성적이 올라가고,
성실하게 일하면 직위가 높아지고,
꾸준히 운동하면 건강이 좋아진다.
그러나 땀이 묻어있지 않은,
다수의 숨은 원인들이 결과에 몰래 관여한다.
원인과 결과의 일대일 대응은 허상이다.

우리의 일상이 이 사실을 증언한다.
입의 음식과 건강 사이에는
위장의 수고와 내장들의 협력이 개입한다.
코의 호흡과 산소의 공급 사이에도
숨통의 배달과 허파의 분배가 작용한다.

내가 실행한 것만 갚아지면,

호흡도 끊어지고 삶도 마비된다.
갚아지는 보상의 크기는
행하여진 일의 분량을 언제나 능가한다.
그래서 보상은 삯이 아니라 은총이다.

길리기아 출신의 사도는 비록
모든 사도보다 더 많은 수고를 하였지만,
그 결과로 이루어진 자신의 됨됨이를
마땅한 삯으로 여기지 않고 은혜라고 고백한다.
이 정직한 고백에 담긴 깨달음이 크다.

불공평의 은혜

이마에 몇 방울의 땀이 흘렀는데
가정의 생계가 유지되는 것은 공평하지 않아.

땅에 기도의 무릎이 닿았다고,
하늘의 창고가 열리는 건 터무니가 없지.

다 된 구원의 완벽한 밥상에
초라한 믿음의 숟가락 얹었다고,
천국 행 티켓을 손아귀에 쥐는 건 불공평해.

영원한 생명의 맨입 수혜자가
고작 밤의 경점과 같은 인생을 다해 감사한들
어찌 거래의 균형이 잡히겠어.

여호와 인정에 너무나도 인색한 우리를
졸지도 않으시며 뜬 눈으로 평생 지키심도
어이 없는 불공평 현상이지.

인간적인 뜻의 포기라는 저비용을 내고,
하나님의 영원한 뜻이라는
하늘의 고소득을 챙기는 것도,
균등한 교류의 기본기를 무시했어.

공평의 기준이요 주체라는 타이틀이 무색하게
하늘의 전능자는 늘 이런 식이야.
거래에 가장 기초적인 형평성의 수칙을 어기시지.

아마도 사람에게 제시하신 공평은
그분이 친히 행하시는 은혜의 하한선일 뿐인가 봐.

불공평의 은혜가 지천에 깔린 상식이고 일상이네.
하늘에서 가장 미련한 것이
땅에서 가장 지혜로운 것보다 낫다는 말이 맴도는군.

하늘이 땅보다
높음같이

하나님의 길과 생각이 인간의 길과 생각보다
하늘과 땅의 차이만큼 높다.
사실 하늘과 땅의 무한한 격차는 측량 자체를 불허한다.
땅에 있는 인간이
하늘에 계신 하나님의 생각과 길을 어찌 알겠는가!

이사야와 같은 맥락에서 바울도
하나님의 지식과 지혜의 깊음과 부요함에 압도되어
하나님의 판단은 헤아릴 수 없고,
하나님의 길은 추적할 수 없다고 고백했다.
바울의 이러한 경외와 겸손의 고백은
하나님의 지극히 높은 생각과 길에
너무도 잘 어울리고 지극히 마땅한 인간의 태도이다.

그러나 인간은 대체로 하늘처럼 높은
하나님의 생각과 길이 거북하여 거부하고 증오한다.
땅이 하늘을 분석하고 평가하고 규정하려 든다.
하늘이 땅에 영향력을 행사하려 하면
땅은 하늘을 기소하고 정죄하고 결박한다.

인간에게 익숙하고 때때로 변경하고 조작할 수 있는
땅의 질서에 순응하지 않으면,
하늘의 질서를 따르는 자들은
곧장 죄인으로 혹은 적으로 분류된다.

게다가 하늘의 숨통을 조이는 일에
세상은 대체로 미친 듯이 열광한다.
이는 하늘에 대한 땅의 거부와 정죄와 공격이

하나님을 대하는 타락한 인간의
보편적인 태도이기 때문이다.

정치와 경제와 문화와 가정과 결혼과 법률과 제도 등
모든 분야에서 그러하다.
그렇다면 나의 삶을 주장하는 태도는 과연 어떠한가?
땅을 편드는 것에 민첩한가?
아니면 하늘을 위하는가?

들음의 직접성

"거짓 증인은 패망하나"(잠 21:28).

확실히 들은 사람은 일관되게 말한다.
이는 들음의 직접성을 강조하는 구절이다.
증인이 패망하는 이유는 거짓된 증거 때문이다.
거짓된 증거의 원인은
확실하고 직접적인 들음이 없어서다.
직접적인 들음이 없으면 출처가 불분명한
'카더라 통신'의 범람으로
분별력과 판단력이 흐려진다.
그러면 비록 거짓의 의도가 없더라도
부지불식 중에 거짓 증인으로 전락하고,
패망의 쓴 맛을 경험하게 된다.

직접 확인하지 않은 것에 대해서는
함구하는 것이 상책이다.
그러나 과도한 침묵으로 몸을 사리는 것은
소극적인 처신이다.
주께서 조성하신 입술은
증거의 도구로서 적극 사용해야 한다.
그러기 위해서는 무엇이든 직접 경험해야 한다.

어떤 사람은 성경 자체를 좋아하고,
어떤 사람은 성경의 해석을 좋아한다.
우리의 기호는 후자의 도움을 받아
전자로 이동해야 한다.
타인이 묵상하고 분석하고 정리하고 해설한 것은
아무리 은혜롭고 감미로운 것이라고 할지라도

말씀의 직접적인 들음의 유익에는 못 미친다.
공부할 때에도 비록
산더미 분량의 2차 자료와 3차 자료의 섭렵자도
한 권의 1차 자료를 읽은 사람 앞에서는
고양이 앞에 쥐다.
믿음의 거인들은 대체로 탁월한 스승의 도움을 받되
성경과의 직접적인 사투로 진리를 흡수했고,
고난과 시련의 바다에도 기꺼이 뛰어든 자들이다.
지금 정보의 홍수는 간접성의 과잉이다.

복의 주관자, 있다

대부분의 사람들은 복을
인과응보 개념으로 이해한다.
열심히 공부하면 성적이 올라가고,
성실하게 일하면 소득이 올라가듯,
우리가 원인을 제공하면 마땅히 주어지는 결과가
복이라고 생각한다.

그러나 성경은
단순히 자연이 굴러가는
비인격적 질서의 바퀴만 주목하지 않고,
그 바퀴를 굴리시는
복의 인격적인 주관자가 계시다고 가르친다.
모세는 하나님의 명하심이 없이는
어떠한 복도 우리에게 임하지 않는다고 주장한다.
이는 우리의 눈에 확인되는
복의 가시적인 인과율이 없다는 게 아니라,
그 인과를 만드시고 명하시는
복의 주관자가 계시다는 주장이다.

모든 복은 어떤 질서에서 생산되지 않고,
복의 주관자에 의해 주어진다.
그래서 복된 신앙은
반듯한 규칙에 순응하는 것이 아니라,
그 규칙의 저자이신 하나님께 나아가는 것이며,
그와의 친밀한 관계를 형성하는 거다.

그러나 사람들은
자연의 인과적인 겉모습만 주목하고,

자연의 질서와 규칙을 만드시고 주관하고 계시는
하나님은 배제한다.
보이지 않는 마지막 근원까지 소급하지 않고,
눈에 보이는 가까운 원인에 안주한다.
그리고 거기에 자신의 판단을 맡기고,
거기에 자신의 운명을 걸고 거기에 매달린다.

우주의 창조에 하나님이 끼어들 자리는
없다고 선언한 학자의 말로가 애잔하다.

하나님의 역린

"요나를 들어 바다에 던지매
바다가 뛰노는 것이 곧 그친지라"(욘 1:15).

하나님은 요나에게 이스라엘 민족을 멸망시킨
앗시리아 제국의 수도 니느웨로 가서
말씀을 전하라는 명령을 내렸으나 요나는 거절한다.
민족에 대한 애국심과 원수에 대한 증오심이
그로 하여금 하나님의 명령도 져버리게 만들었다.

그러나 요나는 하나님의 뜻에 의해서만
생각하고 말하고 행하여야 하는 선지자이다.
하나님의 부르심을 받았다면,
자신을 움직이던 모든 변수들을 내던져야 했다.
하지만 애국심 강한 선지자는
민족적인 원수의 본거지인 니느웨에 대한
정서적인 거부감과 투철한 애국심 때문에
역방향 행보를 택하였다.
개인의 속은 후련했고,
민족들도 열광했을 선택이다.

그러나 배에 동승했던 이방인은
요나를 바다에 투척하여
선지자가 초래한 위태로운 상황을
깔끔하게 수습했다.
흉용하던 바다의 잠잠케 됨은
이방인의 판단과 노고의 결과였다.

게다가 그들은 여호와를 크게 경외했고,
자신의 뜻대로 행하시는 분이라는 고백까지 했다.
이는 하나님을 떠나 줄행랑을 치던
선지자의 가오와 체면이
처참하게 구겨지는 경우였다.
하나님의 뜻 이외의 다른 변수가 움직이는
선지자의 그릇된 행실은
교회가 사회에 종교적인 순기능을 감당하지 못하고,
사회가 교회를 꾸짖고 교훈하는 결과를 초래한다.

진노가 정당한 걸음으로 활보한다.

십자가의 역설

"그가 채찍에 맞으므로
우리는 나음을 받았도다"(사53:5).

이는 자신의 피해와 타인의 유익이
인과의 짝을 이루고 있다는
다소 불쾌한 십자가의 역설이다.

나에게 가해진 손실이
너에게 주어지는 유익의 원인이 된다는 것은
마치 밟히지 않으려면 밟아야 한다는
약육강식 시대의 역발상 도식이다.

밟아야 밟히지 않는 상황을 해소하는
세상의 최고급 절충안은
아무도 밟히지 않고 공공의 유익을 누리는
서로의 윈윈 전략이다.
그러나 "서로"라는 선형적인 범주가
"우리"라는 비선형적 전체로 확대되면,
2인분의 윈윈 전략은 효력을 상실하게 된다.

죄로 말미암아 무너진 이 세상에는
어쩌면 모두가 좋아지는 길이
본질상 없는지도 모르겠다.
주님은 우리의 나음을 위해 채찍에 맞으셨다.
우리의 평화를 위해 징계를 받으셨다.
우리의 허물과 죄악을 사하려고
찔리시고 상하셨다.
하늘과 땅의 모든 권세를 가지셨고,

전지하고 전능하신 분이신데
다른 방도가 없으셨던 걸까?

너무도 억울하고 부당한 유죄의 상황에서
변론 한 마디도 없으셨고,
추가적인 항소도 취하지 않으셨다.
그냥 당하셨다. 왜?
먼저는 당신의 백성을
그들의 죄에서 건지기 위함이다.
동시에 우리에게 이 세상을 살아가는
기독교적 삶의 원리를
친히 보이셔서 가르치기 위함이다.

너무도 좋은 것을 주고자 하는데도
환영이 아니라 핍박을 당하는
이질적인 방식이 요청되는 역설의 원리,
그것이 바로 십자가의 원리이다.

은금과 그리스도

"나사렛 예수 그리스도의 이름으로"(행3:6).

지금 세상은 기독교의 숨통을 조이며,
다양한 측면에서 광기를 드러내고 있다.
돈과 쾌락은 사랑하고 예수와 경건은 싫어한다.
바울의 예언처럼 말세에 고통하는 때가 이르면
나타나는 일반적인 현상이라 이상하지 않다.
그런데 그런 현상이 교회에서 목격된다.

목회자의 주머니는 은금으로 두툼하다.
동시에 교회의 빚은 산더미다.
모든 목회자와 교회가 그러지는 않지만
대체로 교회의 개척과 성장과 폐쇄의 희비가
돈에 의해 엇갈린다.

설교자는 돈의 심기를 살피고,
회중의 이맛살을 찌푸리게 하는
훈계조의 설교는 극도로 자제한다.
회중은 웃기고 자빠지는 설교에 열광하고,
설교자는 웃음과 번영의 처세술 조달에 민첩하다.

그러나 정작 그리스도 예수의 편지와 향기라는
목회자의 필수적인 존재감은 빈약하다.

사도들은 반대였다.
비록 은금은 그들의 주머니에 없었지만,
그들의 가슴에는 하늘과 땅의 모든 권세를 가지신
그리스도 예수로 충만했다.

오직 주의 이름으로
태생적인 앉은뱅이 된 사람도 세웠으며,
무너진 교회의 밑바닥 존재감도 일으켰다.
이는 주의 이름에 의해서만 가능했다.

지금도 세상에는
그리스도 예수에 의해서만 해결되는
불법과 무질서가 난무하고 있고,
법과 질서의 이름으로 교회를 위협하고 있다.
그런데 세상을 일으켜야 할 교회가
앉은뱅이 자리에 주저앉아 있다.
그래서 교회를 향해
"그리스도 예수의 이름으로
일어나 걸으라"고 외쳐야 할 형국이다.

욕심, 죄의 자궁

"모든 사람은 자신의 욕심에 이끌려
미혹될 때 시험에 든다"(약 1:14).

시험에 들고 죄를 범하는 것,
다 욕심이 시킨 일이었다.

자신이 공부한 것보다
더 좋은 성적을 받으려는 것,
자신이 가진 인격보다
더 좋은 존대를 받으려는 것,
자신이 대접한 것보다
더 큰 대접을 받으려는 것,
타인의 무지를 비웃으며
자신의 지식을 드러내려 하는 것,
타인의 약점을 지적하며
자신의 강점을 드러내려 하는 것,
타인의 불의를 비판하여
자신의 의를 드러내려 하는 것,
타인의 부도덕을 들추면서
자신의 도덕을 드러내려 하는 것은
모두 자신을 마치 우상처럼 숭배하는
욕심의 다양한 얼굴이다.

무엇이든 더 많이 취하려는 것도 욕심이고
더 빨리 취하려는 것도 욕심이고,
더 오래 취하려는 것도 욕심이다.
욕심은 지식과 정의와 도덕과 사랑과 관용의
은밀한 등짝에 빌붙어서 활동한다.

그렇게 자신을 잘 드러내지 않으면서
아주 교묘하게 죄를 잉태한다.

잉태하는 욕심과 잉태되는 죄는
동일하게 은밀하고 고약한 녀석이다.
아무리 자비롭고 지혜롭고 너그럽고 의로운 마음도
욕심 한 방울이 떨어져 번지면
곧장 죄를 잉태하는 자궁으로 돌변한다.
그런 욕심에 대해서는
항구적인 감시가 필요하다.

입을 크게 열라!

"네 입을 크게 열라 내가 채우리라"(시 85:10).

청년기에 가슴을 뛰게 했던 말씀이다.
이유는 욕망을 키우는 것이
주님의 명령에 보다 온전히 순응하는 것이라는 생각의
성경적인 보증수표 같았기 때문이다.

"입을 크게 열라"는 류의 성경 텍스트를 만나면
내 속에 움츠리고 있던 소심한 야망부터 반응했다.
야망의 사이즈를 마음껏 키워도 되겠다는 생각에
이것보다 더 확실한 면죄부가 있었을까?
물론 하나님은 전능하신 분이시고,
당연히 능치 못하심이 없다.
그래서 우리의 꿈은 나의 능력에 제한되지 않고
꿈의 상한선을 하나님의 전능까지 높이어도 된다.

그러나 성경의 문맥을 보면 해석의 번지수가 빗나갔다.
"입을 크게 열라"는 말씀은
욕망의 아구를 넓히라는 것이 아니라,
하나님의 말씀을 경청하고 순종함을 의미한다.
말씀에 계시된 하나님의 뜻을
자신의 꿈으로 품으라는 것이었다.

그 뜻을 경청으로 품는 게
그 꿈을 최대의 사이즈로 키우는 것이었고,
그 꿈을 이루는 것은 말씀에 순종하는 것이었다.
하나님의 뜻보다 더 위대한 꿈이 존재할까?
그 꿈을 단숨에 삼킬 입을 벌리시라.

선악의 부조리

"악인들의 행위에 따라 벌을 받는 의인들도 있고
의인들의 행위에 따라 상을 받는 악인들도 있다"(전 8:14).

이 세상에서 쉽게 경험하고 목격하는 일들이다.
전도자는 이것을
"세상에서 일어나는 헛된 일"이라고 규정한다.
무슨 의미일까?
하나님의 통치 아래 있는 일들 중에 무의미한 것은 없을텐데!

나의 의문은
하나님이 만물과 만사를 그 쓰임에 적당하게 지으셔서
악인과 악행도 악한 날에 적당하게 하셨다는
지혜자의 견해와 전도자의 말이 상충되는 듯해서다.

악인과 상, 의인과 벌은 서로 어울리지 않는,
어울릴 수 없는 허망한 부조리의 극치이다.
그러나 이렇게 생각하면 의문이 다소 해소된다.
즉 악인들의 행위로 의인까지 아파하고,
의인들의 행위로 악인들도 행복하게 된다고.

악인들은 광범위한 악화를,
의인들은 광범위한 의화를 구축한다.
어쩌면 악인들의 악행이 초래하는 의인들의 벌은
그것으로 인한 이 세상의 악화에 맞서라는
하나님의 허용적인 자극제일 가능성이 높다.

아니면 세상의 헛된 기준과 규범과 질서의
고발용 부조리일 가능성도 배제하지 못하지만,
세상의 뾰족한 악에 찔리면서
그래도 품으라는 주님의 기묘한 섭리이지 않겠는가?

하나님의 길

"여호와의 모든 길은
그의 언약과 증거를 지키는 자에게
인자와 진리로다"(시 25:10).

하나님은 거룩하고 선하고 의롭고,
자비롭고, 지혜로운 분이시다.
그런 하나님의 거룩하고, 선하고, 의롭고,
자비롭고, 지혜로운 통치가 세상을 지배한다.

온 세상의 어떠함은 하나님이 지나가고 계신
길이라고 보아도 무방하다.
그 안에 하나님의 공의와 사랑과 자비와 긍휼과 선하심이
최적의 비율로 반영되어 있다.

이 세상이 완전히 진멸되지 않고 있음은
하나님의 무궁한 긍휼 때문이고,
천상의 유토피아 모습이 까마득해 보임은
인간의 고삐 풀린 죄악 때문이고,
그럼에도 불구하고 곳곳에
그리스도 예수의 아름다운 향기가 진동함은
아침마다 새로운 하나님의 성실하심 때문이다.

하나의 장면에,
하나의 상태에,
하나의 환경에,
하나님의 다양한 속성들의 아름다운 심포니가 있다.
모든 것은 하나님의 속성으로 해명해야 한다.
사람의 논리로 이것을 해체하는 것은 금물이다.

있는 그대로 하나님의 모든 길은
그의 언약과 증거를 지키는 자에게 인자와 진리로다.

자백의 향기

"만일 우리가 우리 죄를 자백하면
그는 미쁘시고 의로우사 우리 죄를 사하시며
우리를 모든 불의에서 깨끗하게 하실 것이요"(요일 1:9).

성경이 제시하는 해결책은
참으로 단순하고 명료하고 명쾌하고 정확하다.
즉 죄의 자백은
우리를 모든 불의에서 깨끗하게 하는 열쇠라고 한다.

하나의 불의가 자백을 거부하면
본질상 다른 불의가 꼬리에 꼬리를 물고 등판한다.
이제는 하나가 아니라 여러 불의가
곳곳에서 다양한 종류의 분란을 일으킨다.
이러한 불의의 연쇄적인 자기 번식력이 수위를 넘어가면
"우리"라고 일컫는 공동체 전체가
그 불의의 집단적인 희생물로 전락한다.

탄식과 신음이 목젖까지 차오르고
급기야 개개인의 입술에서 절망과 좌절의 언어가 쏟아진다.
불의는 수습의 단계를 훌쩍 벗어난다.
그럼에도 불구하고 우리에게 마지막 희망이 있다면
바로 "자백"이다.

우리가 죄를 자백하면 우리의 죄는 사해지고
우리는 모든 불의에서 깨끗하게 된다.
"자백"의 위력은 상상을 초월하고 그 효력은 확실하다.
자백은 행하라고 주어진 능력이고 누리라고 주어진 선물이다.

균 형

인애와 진리가 같이 만나고,
의와 화평이 서로 입을 맞추었다.

하나님 안에서는 인애와 진리가 절친이고
의와 화평이 연인이다.
하나님이 행하시는 모든 일에는 인애와 진리,
의와 화평이 공존한다.

홍해의 갈라짐은
이스라엘 백성에게 화평의 입구였고,
애굽 백성에게 공의의 출구였다.
섭리의 절정인 말씀의 성 육신도
구원과 심판을 동시에 가리킨다.
즉 믿는 자에게는 집 모퉁이의 머릿돌인 동시에
거부하는 자에게는 거치는 반석이다.

판단이나 헤아림의 경우,
비난은 사랑이 없는 공의의 과잉이고,
편애는 공의가 없는 사랑의 과잉이다.
균형이 구비되지 않았다면,
침묵은 상책이고 무위는 최선이다.

시기선용법

"시기와 다툼이 있는 곳에는
혼란과 모든 악한 일이 있음이라"(약 3:16).

야고보는 혼란과 모든 악한 일의 원흉으로
시기와 다툼을 지목한다.
지혜자는 아마도 같은 맥락에서
"분은 잔인하고 노는 창수 같거니와
투기 앞에야 누가 서리요"라 한다.

이는 시기보다 더 심각한 문제는 없고,
그러니까 시기하면 안된다는 의미겠다.
시기하면 행위의 기준이 시기하는 대상에게 빼앗긴다.
그 대상을 중심으로 생각하고 판단하고 행동한다.
기준과 중심의 변질에서
혼란과 모든 악한 일들이 초래된다.
시기의 원흉을 알아야 시기 해소법이 보인다.

시기의 원흉은 빈곤이다.
하나님에 대한 빈곤이 타인과의 비교를 유발한다.
비교에서 상대방의 우월이 확인되면,
열등감에 빠지고 시기에 돌입한다.
시기는 뼈를 썩게 만든다는 지혜자의 교훈은
시기의 일차적인 피해자가 바로 자신임을 가르친다.

그러나 주님으로 충만하면,
비교할 필요도 없고,
열등감의 이유도 없어지고,
뼈의 썩음도 예방된다.

비교와 열등감과 시기는
우리의 영적 빈곤을 고발한다.
동시에 영적인 회복을 독촉한다.
부정적인 요소와 긍정적인 요소가 공존한다.
시기의 막대한 에너지를
선용할 수 있다는 이야기다.

나보다 잘 난 사람들을 보면 누구나 시기한다.
그때마다 주님의 충만에 적신호가 왔다고 생각하면
오히려 영적 회복을 촉구하는
주님의 자비로운 알람이다.
시기도 선으로 바꾸시는 하나님의 섭리!

자기부인

대부분의 사람들은
자신이 고려되고 존중되고 수용되는 삶을 갈망한다.
그러나 그것은 자신의 삶을
자아의 좁은 공간에 스스로를 감금하는 교묘한 속임수다.

내 생각이 무시되고,
내 기호가 거절되고,
내 계획이 무산되고,
내 견해가 배제되면 ,
견디지를 못하는 사람들은
무시와 거절과 무산과 배제가 익숙해질 때까지
계속해서 그것들을 경험하는 것이 유익하다.

성경은 죽고자 하면 산다고 가르친다.
살고자 하면 죽는다고 교훈한다.
이 교훈이 죄악 된 우리를 파고들면,
고통이 수반된다.
그러나 인내해야 한다.

성경이 명시한 것은
만물과 만사의 항구적인 질서요 규범이다.
무시하면
인내의 고통보다 더 혹독한 대가를
필히 지불해야 한다.

경건의 마지막 장벽과 관문은
자기 자신이다.
눈 딱 감고 자신을 지나가야 한다.

자기애에 빠져
경건의 발목이 잡히는 일 없도록
자기를 부인하는 지속적인 연습에 몰두해야 한다.
자신을 훌쩍 넘어서기 위해….

스스로 숨어 계신 하나님

스스로 보이시는 분이라면,
그의 보여짐 때문에 인간은
신을 향한 본래의 태도를 수정하고 다듬는다.

그러나 하나님에 대한 우리의 순수한 태도는
하나님이 자신을 스스로 감추셔서
하나님의 존재가 우리에게 보이지도 않고,
우리가 타인에게 보여줄 수도 없고,
존재를 증명할 수도 없는 상태에서
비로소 속살을 드러낸다.

스스로 숨어 계신 하나님은
사람들에 의한 하나님의 인위적인 보여짐을
우상으로 여기신다.
보이지 않으시는 하나님의
보이는 대체물은 진실로 우상이다.

그래서 하나님은
자신의 그 어떠한 가시적인 형상도
만들지 말라고 명하셨다.
하나님이 스스로를 감추시는 이유는
인간의 죄악 된 본성은 그대로 드러나고,
동시에 가장 깊고 순전한
신뢰로의 초청을 위함이다.

그 신뢰는
다른 어떠한 것에 의해서도 견인되지 않고,
오직 하나님 자신에 의해서만 구축된다.

그러하기 때문에 가장 깊고 순전하다.

하나님의 의도적인 감추심이
어떤 이에게는 넘어지게 하는
걸림돌로 여겨지고,
어떤 이에게는 신뢰의 절정으로 이끄시는
하나님의 은총으로 여겨진다.
자신을 스스로 감추시는
그분의 배려가 향기롭다.

경건의 향기

"내가 전심으로 주를 찬송하고
영원토록 주의 이름에 영광을 돌리리라"(시 86:12).

이것이 경건의 본색이다.
이 노래는 찬송을 드렸다는 행위보다
전심으로 드렸다는 방식을 강조한다.
주의 이름에 영광을 돌린다는 행위보다
영원토록 돌린다는 상태를 강조한다.

우리의 경건을 점검해야 할 대목이다.
기도를 드리고,
예배를 드리고,
헌금을 드리고,
찬양을 드리면,
우리는 쉽게 경건의 연습이 끝났고,
믿음의 도리를 지켰다는 성급한 결론에 도달한다.

그러나 "어떻게"가 중요하고,
"영원히"가 중요하다.
경건은 행위가 아니라 상태이며,
과거와 완료가 아니라, 늘 현재와 진행이다.

… 4부

곁길에서 본 하나님

곁길

9월의 태양이 바람 분무기로 뿌리는
투명한 은색 가루가 유난히 눈부시다.
그 가루의 마법으로 깨어난 교정을 거닐며
도시의 아침을 소비한다.

그런데 오늘은 어쩌다가
발이 평소에 기억하던 산책의 경로를 벗어났다.
그러니까 무심코 들어선 곁길이다.

길과 발이 만나는 접지면의 생소한 느낌,
행로가 곡선을 그릴 때마다 전환되는 장면들,
행인의 소소한 행복을 위해 밤새 준비한
낯선 물상들의 깨끗한 눈인사, 모두 신비롭다.

인생이 익숙한 경로가 아니라
낯선 곁길로 접어들면 사람들의 마음은 불안하다.
시간의 낭비, 진보의 정지 혹은 퇴보로 해석한다.

그러나 길이 평탄하지 않고 심히 낯설어도
내 삶의 설계자는 다 아시고 걸음을 이끄신다.
물론 인생에는 일그러진 곁길도 있지만,
어떤 곁길은 갑갑한 자아의 닫힌 세계를
슬그머니 확장하는 하나님의 은밀한 선물이다.

곁길이 그릇된 삶으로 이어질 때에는
그 실패의 지점에 서서 뒤따르는 행인들을 위해
돌아가야 한다는 반환점이 되고,
더 넓은 세계로 나아가는 출구일 때에는

약진해야 한다는 이정표가 된다면,
곁길은 아름다운 청춘이다.

곁길에 선 신학자는 행복하다.

해석학의 추락

"여호와께서 내 주에게 말씀하시기를"(시 110:1).

다윗은 그리스도 예수를 주(主)라고 명명한다.
다윗은 인간문맥 안에서 주(主)로 분류되나
하나님 앞에서는 자신을 종으로 규정한다.
그렇다면 왕이 부르는 왕,
주가 부르는 주는 누구인가?
만 왕의 왕이요 만주의 주라는 의미겠다.

다윗의 언어에 담긴 성령의 모든 말씀은
이런 문맥에서 해석해야 한다.
만 왕의 왕 그리스도 예수를 가리켜 기록된 성경,
어떻게 해석하는 것이 가장 합당할까?
오늘날 성경 해석학의 교묘한 추락을 목도한다.
텍스트 자체의 존중을 명분으로 주어를 삭제한다.

"하나님이 가라사대"(Deus dixit)…
이러한 신적 주어의 회복이
성경 해석학의 현실에 절실하다.
물론 인간 저자와 기록자의 주어성도
간과하지 않고 반드시 거쳐야 하겠으나
종착지가 아니라 지나가야 하는
정거장에 불과하다.
하나님의 주어성에 비한다면….

모든 입술을 수단으로 쓰시는 하나님,
그 입술에 의미를 배당하는 분이시다.

호흡의 학습

매 순간마다
한 모금의 인생이 콧구멍을 드나든다.
호흡은 산소의 운반이고
그 산소는 인생의 모든 영역에 관여한다.

깨끗한 산소의 일평생 소비량을
압축파일 형태로 담아서 한 호흡에 마신다면
목의 숨이 끊어져도 삶이 무탈하니
갑자기 숨통이 막히는 불상사도 예방되고,
미세와 초 미세 먼지의 골치도 해결되고,
산소가 희박한 고산지대 위에서의 삶도,
더 희박한 바다 속에서의 삶도, 가능하다.

호흡에서 놓인 자유로운 삶의
이 놀라운 유익을 다 외면한 채
인생의 발목을 호흡에 꽁꽁 묶어 두신
창조자의 속내가 궁금하고,
호흡이 코에 매달린 인생은 약하다는
창조자의 냉갈색 문장도 황당하다.

왜 그렇게 지으셨나?

이사야와 바울은 호흡을
창조자가 항상 베푸시는 선물이라 했고
시인은 호흡의 수혜자가
공급자를 항상 찬양하는 근거라고 한다.

호흡은 그 호흡의 조성자가

우리에게 생존의 필수적인 수단만이 아니라
그 수단들의 출처인 자신까지 주신다는
이 진리를 늘 흡입하고 누리면서,
그에게 감사의 음악이 되라는 메시지다.

호흡은 창조자가 작곡한 음률이다.

끼니의 학습

정해진 시간마다
한 그릇의 생존이 목구멍을 넘어간다.

인생은 먹는 일상의 따분한 누적이다.
우리의 몸은 체질상
이틀 분량의 영양분 비축을 거부한다.
생존은 왜 하루치의 양식으로 유지될까?

끼니를 해결할 때마다
누적되는 비용은 막대하고 반복은 번거롭다.
유쾌한 식감이 고개를 내밀다가 급히
노동의 소비에, 시간의 투자에 이내 짓눌린다.

끼니가 해결된 이후에는
짜증이 잔뜩 묻은 설거지와 뒷정리가,
코를 찌르는 음식물 찌꺼기와
불쾌한 배설물이 감정의 비위를 건드린다.

인생의 버팀목인 끼니가
끼니마다 인생의 부담으로 돌변한다.

1년치의 양식을 작은 휴대용 캡슐에 담아
한 알씩 복용하는 효율적인 생존 법을,
아니 한 번의 복용으로 평생이 유지되는
그런 생존 법을 신은 왜 택하시지 않았을까?

그러나 끼니는
우리가 창조자 의존적인 존재라는 은유이고

창조자를 매 순간 의지해야 한다는 메시지다.

반복적인 끼니의 섭리에 담긴
이토록 감사한 교훈의 보존을 위해서는
그 막대한 비용도,
일평생의 무수한 반복도 아깝지가 않다.

수동태와 능동태

아름답고 신비롭다.

피조물은 존재의 시작이 수동태다.
그런데 의지가 주어졌다.
그래서 정해진 수동태의 기반 위에서
능동태의 자유로운 삶이 가능하다.

인생은
수동태와 능동태의 조합이요 공존이다.
정해지는 것과 정하는 것.
던져지는 것과 던지는 것.
잡히는 것과 잡아주는 것.
다가오는 것과 다가가는 것.
발견되는 것과 발견하는 것.

사랑은
능동태를 지나 수동태에 이르는 여정이다.
제멋대로 왔다가
마음대로 떠나가지 못하는 만남이다.
능동적인 선택으로 시작하여
수동적인 운명으로 들어가는 자각이다.

주님은
우리를 만드시며 사랑의 시작과 끝이시되,
창조자의 능동성을 접으시고
피조물의 수동성을 취하셨다.
어미의 공급자가 모유의 수요자로 사셨고,
권세의 근원이 권력의 희생자로 죽으셨다.

사랑이신 그분은 그 사랑을 위해
하나님과 동등 됨을 비롯한 전부를 비우셨다.

수동태 인생과 사랑의 모델, 그리스도 그분….

하늘의 선풍기

한반도는 지금 찜질방 수준이다.
어쩌면 그 수위를 넘어 이미 찜통이다.

집집마다 건물마다.
에어컨이 뱉어내는
냉기와 열기의 분량이 도를 넘어섰다.
너에게는 냉기가 역사하고
나에게는 열기가 역사한다.

옆집 창문으로 열기를 배설하지 않는 선풍기,
우리 집에서는 그 놈이 착실한 온도 조절기다.
버튼을 누르면 거기에서
시원한 바람 손이 나와
폭염으로 종일 달구어진 신체를 휘감는다.

그런데 느낌이 찜찜하다.
공기와 플라스틱 날개의 마찰이 빚은
대량의 끈적한 정전기가
그 손에 잔뜩 묻어 있어서다.

날개의 소재를 금속이나 플라스틱 대신에
한지나 나무로 대체하면
한결 부드러운 자연의 바람이 나올텐데….

문득
바람을 자기 사신으로 삼으시고,
불꽃으로 자기 사역자를 삼으시는
하나님의 통치가 떠오른다.

하늘의 거대한 선풍기를 임의로 가동하고,
무더위의 광기와 심술도 사환으로 쓰시는 그분!

하나님의 위대하심

지극히 위대하신 하나님!
위대함의 크기는 측량을 불허한다.
하나님의 그런 위대함에 걸맞은 경배를
인간이 드리는 게 가능할까?

위대하신 분께 경배를 드린다면,
그것은 세상에서 가장 위대한 일이겠다.

이 세상에 존재하는
수퍼 울트라 왕!킹!짱! 과장법이
최고의 기량을 발휘해도,
하나님의 위대함은 다 표현하지 못한다.

땅의 표현법이 낯짝도 내밀지 못하는
하나님의 무한한 위대하심.
마음은 멀찌감치 물러나 있으면서,
입술에만 매달리는 경외함은 가당치도 않다.
특정한 시간과 공간에 모여
정해진 순서를 착실하게 진행한들,
합당한 예배가 드려질까?

모든 것을 소유하신 분에게
그 무엇이 선물이며,
모든 것이 완전하신 분에게
그 무엇이 보탬인가!

어떠한 예배도 하나님께 합당하지 않지만
합당히 여기시는 예배의 방식은 존재한다.

"영과 진리 안에서"
이는 하나님의 형상이 머무는 영혼으로
하나님의 명령 곧 진리를 준행하며,
드려지는 순종적인 예배의 방식이다.

위대하신 하나님 앞에 서면,
하나님의 형상 때문에 영혼이 반응한다.
입술도 협조하고 눈물도 자원하고,
손과 발도 예배의 도구로 동원된다.
영혼의 예배에는
존재의 전부가 산 제물로 항상 드려지되,
목숨과 마음과 뜻과 힘을 망라한다.

자아의 구성물에 머물지 않고,
하늘과 땅과 바다와 우주의 별들도
모두 예배자로 초대된다.
하늘에 있는 것들과 땅에 있는 모든 것들이
보이는 것들과 보이지 않는 것들이
다 합당한 예배에 출석한다.

그런데도 하나님의 이름에는 여전히 부족하다.
하나님의 위대함이 증명되는 방식이다.

호칭의 속임수

박사, 교수, 목사라는 미끈한 호칭에
허영의 귀가 흐뭇하다.
호칭의 정당성 확보와 합당한 대우가 목말라서
필히 갖추어야 할 내용의 부실을 덮으려고
슬며시 고안된 장치들이 많다.

파스칼의 지적처럼
교수가 연구실의 명패 없이는,
목사가 목회자의 예복 없이는,
박사가 사각의 박사모 없이는,
세상 사람들을 속이기가 곤란하다.

창조자의 이름을 가지신 하나님,
그에게는 자신의 정체성을 가리고 치장할
인위적인 장신구가 필요하지 않다.
그의 이름이 이미 천지에 충만하게 스며들어
만물이 창조자의 칭호를 증명한다.

하늘의 큰 입술은
하나님의 지혜 선포로 종일 분주하고,
궁창의 넓은 갤러리는
그의 손으로 하신 일을 항상 전시한다.

창조자의 이름,
한 번의 호명으로 하루치의 행복이 다 차오른다.
만물이 그 호칭에 긍정의 무릎을 꿇고,
경외의 고개를 숙이기 때문이다.

배려의 지존

우주 최강의 주먹을 소지하신 분이
공의와 정의의 살점을 뜯어먹는 악인들에 대해
준엄한 심판의 실시간 집행을 늦추신다.

두 콧구멍의 짧은 호흡으로 사는 피조물은
신의 형벌이 즉시 주어지지 않으므로
죄를 저지르고 악을 행하기에 담대하다.

이러한 현상으로
신이 없다는 무신론은 유력한 빌미를 확보하고,
유신론 신봉자도 산더미 분량의 서운함을 쏟아낸다.
신의 입장에서 보면 손해가 막심하다.
그런데도 형벌의 즉각적인 부과는 기각되고,
인내와 기다림의 섭리는 도도하다.

헤아릴 수 없는 신의 섭리적 판단은
인간의 상식과 이해의 상한선을 넘어선다.

측량의 시도를 불허하는 이 섭리,
그 심오함에 소환된 탄성이 수북하다.
그 섭리는 하나님의 무한한 사랑으로 해석되며,
눈물을 자극하고 그 망울을 터트린다.

자신의 형상을 따라 지은 인간을 다루시되
강제와 강요의 손쉬운 방법을 취하지 않으시고,
미련하고 답답한 참음의 방식을 택하신다.
두려움과 공포에 내쫓긴 기계적인 순응이 아니라
사랑과 자유가 빚은 자발적인 순종을 원하신다.

나의 절대자는 배려의 지존이다.
하나님의 형상 회복은 무한한 배려의 결실이다.
사랑과 연구와 목회와 사회의 변혁에 조급한 나,
홍조의 낯짝을 떨구고, 그 배려를 묵상한다.